川西"交通+旅游"融合发展

王宇 汤敏 张广胜 胡立琴◎著

RESEARCH ON THE INTEGRATED DEVELOPMENT
OF TRANSPORTATION AND
TOURISM IN WESTERN SICHUAN

★本书出版得到四川省科技计划（2022JDR0262、2023JDR0300）、四川省教育厅研究基地项目（SCZKCZY2022-YB003）、成都市哲学社会科学规划项目（2023CS132）、2023年教学质量工程支持项目（11100-001110-92）及成都理工大学哲学社会科学研究基金（YJ2021-YB007、YJ2021-YB008）资助。

经济管理出版社
ECONOMY & MANAGEMENT PUBLISHING HOUSE

图书在版编目（CIP）数据

川西"交通+旅游"融合发展／王宇等著．—北京：经济管理出版社，2023.11
ISBN 978-7-5096-9441-1

Ⅰ.①川…　Ⅱ.①王…　Ⅲ.①地方旅游业—旅游业发展—研究—四川
Ⅳ.①F592.771

中国国家版本馆 CIP 数据核字（2023）第 222741 号

组稿编辑：王光艳
责任编辑：魏晨红
责任印制：黄章平

出版发行：经济管理出版社
　　　　　（北京市海淀区北蜂窝 8 号中雅大厦 A 座 11 层　100038）
网　　　址：www.E-mp.com.cn
电　　　话：(010)51915602
印　　　刷：北京市海淀区唐家岭福利印刷厂
经　　　销：新华书店
开　　　本：710mm×1000mm /16
印　　　张：10
字　　　数：144 千字
版　　　次：2024 年 3 月第 1 版　　2024 年 3 月第 1 次印刷
书　　　号：ISBN 978-7-5096-9441-1
定　　　价：68.00 元

本书编委会

王　宇　汤　敏　张广胜　胡立琴　廖妮娜
马　也　樊雨鑫　赵婉汝　宋　扬　刘婷婷

前言

　　川西旅游资源丰富。随着该地区旅游事业的不断发展，区域的交通通达与便利程度改善明显。近年来，国家大力弘扬"交通+旅游"融合发展战略，2017年，交通运输部、国家旅游局等六部门联合发布了《关于促进交通运输与旅游融合发展的若干意见》，提出进一步扩大交通运输有效供给，优化旅游业发展的基础条件，加快形成交通运输与旅游融合发展的新格局。对此，四川省积极跟进，四川省交通厅等部门制订了《四川省"交通+旅游"融合发展专项行动计划（2017—2020年）》，提出建立健全交通运输厅、省旅游发展委等各部门协调管理推进机制的目标，以探索建立旅游交通新业态的协同管理模式。随后，《四川省"十三五"旅游业发展规划》进一步强调了加强支线旅游交通和通景道路建设，构建无缝对接的旅游交通体系。

　　上述政策和措施的出台，为川西区域的"交通+旅游"融合提供了广阔的发展空间，注入了蓬勃发展的活力。"边旅边游"逐渐成为一种潮流趋势，游客在旅行中不仅能够真正体验到"快进、慢游"畅享的喜悦，还能借助"人—物—景"的交流和互动回归宁静的本心。"交通+旅游"融合的本真，是于旅行者本身的通达与顺畅，于停留地和目的地经济社会的助益，当然，更宏大的是流连于自然生态间的和谐与共生。因此，"交通+旅游"融合发展不仅是实践国家战略的良田，还为区域经济社会发展提供了重要支撑，是地方政府推动绿水青山转变为金山银山，实现经济、社会和环境协调可持续发展的必然选择。

　　需要注意的是，尽管有良好的政策导向和较好的发展基础，但我国的交旅融合发展与发达国家相比还是存在一定的差距，如行业发展规划与现实落地之间差距大、政策措施与发展实际不匹配、区域发展水平不均衡等突出的现实问题。产生这类问题的原因如下：其一，国内关于融合发展的举措和保障还有待持续完善。《中华人民共和国2022年国民经济和社会发展统计公报》显示，我国国内旅游收入约为20444亿元，而2022年美国旅游业强劲反弹，所创造的GDP总量达到2万亿美元（约140000亿元），这同样也意味着，我国的"交通+旅游"融合发展潜力巨大，尚待深入开发的领域和市场前景广阔。其二，因地制宜的举措还需要更有革新精神。在新时代背景下，顺应发展形势，转变发展理念，落地发展举措尤为重要。传统的交通与旅游两个产业发展各有优势，但亟须相互助力，拓展新的发展格局。二者的相互促进不单为游客提供了新的旅行乐趣，更为旅游业的深度转型进而实现高质量发展提供强劲的动力。其三，部分地区交旅融合发展的新增长态势已经初显，亟须科学规范的引领和培育，以形成更好的示范效应。值得一提的是，在川西区域，这样的强劲增长动力也已经初显，即将喷发的磅礴之势将极大地促进当地经济增长与社会繁荣，实现乡村振兴。

此外，由于产业本身具有"投资大、回报慢"的天然属性，目前我国的"交通+旅游"融合发展仍处于探索阶段，尚未成熟。再加上部分地区缺乏丰富的旅游资源，地理位置偏远，施工难度较大，经济发展水平相对较低，基础设施滞后等因素，在一定程度上制约了"交通+旅游"融合发展。

针对上述"痛点"和"堵点"，本书以交旅深度融合为目标，致力于构建系统的交旅融合发展体系。围绕这一出发点，本书以川西交旅融合为"切入口"，试图探究该地区交通与旅游融合发展的模式。在明确"交通+旅游"融合发展的概念、分析川西区域高速公路"交通+旅游"融合发展所面临的困境基础上，本书研究了川西区域"交通+旅游"融合发展的机制，并提出了促进川西区域高速公路"交通+旅游"融合发展的策略。本书期待以此为突破口，把交旅融合的事理说得明白，学理讲得有趣，道理聊得通透，进而探寻适宜于我国交旅融合发展的特色机制，力争为这个宏大的事业奉献自己的力量。

本书的图片由四川天路印象文化产业发展有限公司和四川蜀道高速公路服务区经营管理有限公司提供，在此表示由衷的感谢！

目 录

3

川西"交通+旅游"融合发展现状分析 …………………… 053

1

研究背景与相关领域研究综述

1.1　研究背景

1.1.1　"交通+旅游"融合发展的趋势

　　如图1-1所示，"交通+旅游"融合发展是大势所趋。2017年，交通运输部联合国家旅游局等六部门发布了《关于促进交通运输与旅游融合发展的若干意见》，提出进一步扩大交通运输有效供给，优化旅游业发展的基础条件，加快形成交通运输与旅游融合发展的新格局。

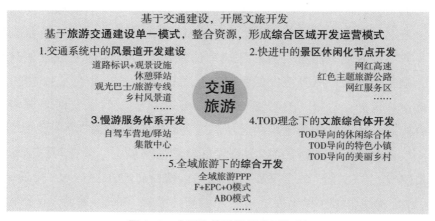

图1-1　交通和旅游协同发展机制

《四川省"交通+旅游"融合发展专项行动计划(2017—2020年)》提出,建立健全省交通运输厅、省旅游发展委员会等部门协调管理推进机制,探索建立旅游交通新业态的协同管理模式;同时,强化与各级地方政府的协调互动,加快建立健全促进交通运输与旅游融合发展重大问题的协调推进机制。《四川省"十三五"旅游业发展规划》指出:加强支线旅游交通和通景道路建设,构建无缝对接的旅游交通体系。由此可见,"边旅边游"正在成为潮流,使游客在旅途中真正达到"快进、慢游"的目的。交通与旅游融合发展符合国家政策导向,是地方旅游和经济发展的重要支撑,能够带动区域联动发展;是地方政府将绿水青山变成金山银山,有效促进经济、社会、环境协调可持续发展的必然选择。

近几年,我国旅游业呈跳跃式发展趋势,但与发达国家相比仍然存在较大的差距。据中国房车露营联盟统计,截至2019年,我国房车保有量突破10万辆,而美国已达992万辆;我国是全球第四大邮轮市场,旅游人数仅有200万人次,而美国已达1200万人次;通航旅游在我国发展较晚,飞行占比不足1%,世界平均水平为50%。由此可见,我国"交通+旅游"潜在发展空间巨大,两大产业相互促进不仅为游客提供了新的旅游兴趣点,为旅游业转型提供了强大动力,也带动了当地经济的发展,实现了乡村振兴。

但是,目前我国"交通+旅游"融合发展仍处于探索阶段,尚未成熟,普遍存在产业自身"投资大、回报慢"的天然属性。从资源状态来看,有些地方缺乏旅游资源;从地理位置来看,有些地方处于偏远地区,施工难度大;从经济发展程度来看,有些地方仍属于欠发达地区,基础设施落后;等等。这些属性都在一定程度上制约了交通与旅游的融合发展,特别是制约了川西区域高速公路"交通+旅游"融合发展。因此,本书在厘清"交通+旅游"融合发展概念的基础上,分析川西区域高速公路"交通+旅游"融合发展所面临的困境,研究川西区域"交通+旅游"融合发展机制,提出促进川西区域高速公路"交通+旅游"融合发展的策略及实施建议。

1.1.2 川西区域高速公路建设

川西区域高速公路加强了内地与川西区域的沟通，不仅是进入川西区域、辐射带动川西区域的经济大动脉，更是脱贫攻坚的民生大通道。这就决定了公路建设用地矛盾相对较小，有利于推进川西区域高速公路建设。雅康高速公路如图1-2所示。

图1-2　雅康高速公路局部

川西区域旅游资源丰富，九寨沟、黄龙、稻城亚丁等著名的自然景观与绚烂的特色民族文化交相辉映，孕育了独具特色的世界级自然景观，使川西成为我国西部最富魅力的旅游胜地之一，但这也导致了其旅游资源利用的独特性和生态环境的脆弱性。

川西区域地广人稀，总面积为122.84万平方千米，约占全国总面积的1/8，但常住人口只有350.56万。如图1-3所示，川西区域地势高亢、海拔较高，大部分地区冻土层深厚，空气中氧含量只有平原地区的60%~80%，受地势的影响，气候垂直分带差异十分明显，随着海拔上升，气温急速下降。与此同时，川西区域地震、泥石流、山洪等自然灾害频繁发生,道路基础设施极易受损,因此,川西区域高速公路的建设施工难度大、投资规模大。据2021年川西区域交通运输工作会议所述,2020年,川西区域公路交通固定资产投资高达435.14亿元。

图1-3 川西区域地形

除了投资规模大,其养护成本也年年攀升。目前,我国中西部地区高速公路的平均每千米造价高达1亿元以上,每年保养费均摊高达每千米5000万元。"十三五"时期,川西区域公路养护工程累计完成投资98.54亿元,较"十二五"时期增长了262.1%,实施养护大中修工程1058千米,实施安全生命防护工程26786千米。此外还包括:通信系统、房屋、机电设备的工程费和维护费,以及灾害预防费、冬季除雪费、绿化费,等等。仅仅是隧道的照明和通风系统的建设费用和每年的电费就已经非常高,再加上受复杂的地形地质和多变的气候条件影响,自然灾害频发,塌方、泥石流、路基沉陷等屡屡发生,造成公路养护管理难度增大。因此,川西区域高速公路基本上年年亏损,仅仅靠收过路费无法收回成本。

尽管如此,川西区域高速公路的建设仍是非常必要的,它是国家实施西部大开发战略,拉动我国旅游产业的发展,实现区域经济振兴的需要;是完善四川省高速公路网规划、推进四川西部综合交通枢纽建设的需要。

1.2 相关领域研究综述

1.2.1 对产业融合的研究

（1）产业融合的概念

产业融合最早源于数字技术的出现而导致的信息行业之间的相互交叉。从 20 世纪 70 年代开始，随着通信技术和信息处理技术的革新，通信、报刊、广播等传媒逐渐相互融合，20 世纪 90 年代以来，技术进一步革新和互联网的广泛应用，推动了电视、音乐、广告等产业的融合。产业间相互融合、相互渗透的现象日趋增多，后来学者从产业边界、技术扩散、系统运行、融合过程和融合结果多个角度给出了产业的定义。

从产业边界角度来看，产业融合一般是指不同产业之间由于在工艺技艺、组织形式、产品市场或服务功能等多个层面存在某种共性联结，从而形成产业边界的趋同或消弭的动态变化过程（姚明明等，2021）。

从技术扩散角度来看，某些技术在一系列产业中广泛应用和扩散，并导致创新活动发生的过程，可被视为产业发生融合。产业融合通过打破产业壁垒，将过去独立的产业进行融合（张来武，2018）。

从系统运行角度来看，可以将产业融合视为由两个及以上产业系统内，不同产业构成要素之间在时空维度上均相互关联、交叉、渗透，彼此竞争与协作而形成的、复杂的、运动的开放性系统（方世敏、王海艳，2018）。

从融合过程角度来看，产业融合是一个从技术融合到业务融合，再到市场融合的一个逐步实现的过程，如果缺乏某些必要的阶段，就不是真正的产业融合（苏毅清等，2016）。

从融合结果角度来看，产业融合指的是在时间上先后产生的，处于不同结构层次的农业、服务业、工业、信息业和知识业在同一产业、产业链及产业网中相互渗透、包含、融合发展的产业形态及经济增长方式，使低端产业转向高端产业、实现产业升级（梁勤芳，2021）；产业融合是指不同产业或同一产业内的不同产品相互渗透、相互交叉，最终融为一体，逐步形成新的产业的动态发展过程（程瑞芳、张美琪，2020）。

在产业融合的大背景下，不同产业间相互融合，如"文旅融合""体旅融合""交旅融合""互联网+"等，学者主要从资源整合利用、消费者需求、产业复合功能、创新机制等方面对各类产业融合作出解释。

张鸣和纪月华（2014）认为，旅游产业和文化产业的一些先行企业借助技术手段的创新，突破原有的产业边界，渗透或延伸至彼此的传统产业活动领域，再进行优化重组、整合与创新，最终实现两大产业的融合发展。杨强（2011）认为，体育旅游是以体育为内涵、旅游为载体，体育提供资源、旅游带来市场的业态，是体育产业和旅游产业融合的交叉产业。马慧强和刘玉鑫（2019）认为，体育与旅游融合的过程实际上就是两大产业在资源、产品、市场等方面全面对接的过程。韩旭（2017）认为，"互联网+农业"是指在农业生产、经营的各阶段引入信息通信技术（ICT）和互联网平台，利用互联网整合农业生产经营的相关资源，创新农业数据的智能利用方式，改造传统的农业生产、经营模式，构建新的农业发展生态，从而实现农业生产的现代化。叶小瑜（2020）认为，"体旅文商农"产业融合是体育产业与旅游产业、文化产业、商业和农业为了实现共同利益，在内外部因素推动下相互打破产业边界，借助各自产业链的渗透、延伸和重组，经过技术融合、业务融合和市场融合，形成新型产业的动态发展过程。

（2）产业融合发展机制

关于产业间融合是如何发展的问题，学者大多以下述三种理论为基石进行研究。

第一，协同理论。协同理论认为，系统要素之间通过有意识的行为进行集成后，协同运作产生的整体效用要大于各部分总和的效用，达到"1+1>2"的协同效果。协同理论的研究结论主要体现在，提倡"主体多元化、资源共享化、行动协同化"等管理理念（邱兴波等，2021）。

一些学者基于协同理论视角下探索"互联网+教育"在高校本科教学管理方面的改革创新和"产教融合"机制方面的发展策略，形成"互联互通、多级分布、共治共享、协同服务"的优化路径。例如：邱兴波等（2021）认为，推动协同化的本科实践教学信息化建设不是简单地取消以往的线下教学和管理方式，而是通过线上线下相结合的教学管理模式去优化本科实践教学信息化建设；姬虹和李娟（2021）认为，在高等职业教育和汽车产业融合方面，应做到协同共商、协同共育、协同共享、协同共赢，促进各要素间相互协调、配合，实现"1+1>2"的协同效应。

第二，共生理论。社会科学领域的"共生"被认为是在共生环境中，共生单元依据某种共生模式形成的一种社会关系，且共生关系在人类生活中普遍存在，其本质是协同与合作（史卢少博等，2021）。

一些学者在探究民俗体育与美丽乡村建设融合和农村产业融合中，运用共生理论推进产业融合的实施路径和策略。例如：王晓琴（2021）认为，民俗体育与美丽乡村建设两者之间存在着相互依存、互惠共进的关系理论，通过民俗体育的涉入提升乡村建设的文化品性，实现政策融合共生、人才融合共生、品牌融合共生；胡海和庄天慧（2020）认为，农村产业融合发展应遵循优势互补、资源共享、互利共赢的基本原则，最终达到连续性互惠共生的状态。

第三，价值共创理论。价值共创理论认为，随着社会竞争力的加剧，企业的核心竞争力将逐渐形成以多主体协同参与为核心，由企业、消费者、其他利益相关群体共同创造价值的局面。价值共创理念强调聚合所有利益相关群体的积极性和主观能动性，统筹协调各方资源，共同实现某一社会目标，进而实现价值共享（李凌汉、池易真，2021）。

一些学者利用价值共创理论，深入分析体育与旅游产业、文化与旅游产业深度融合的内在逻辑，以博物馆为切入点阐明文旅融合的内涵与架构，并提出优化路径。如苏建军等（2021）认为，体育与旅游产业深度融合需要企业与顾客及其他利益相关者等多主体构建有效的合作机制，共同参与体育旅游产品与服务的研发、设计、生产和传递。王秀伟和延书宁（2021）认为，推动博物馆文旅融合，由博物馆发挥主导作用，其他旅游机构、文化企业等社会组织凭借市场、技术、运营等优势参与到博物馆文旅融合中，由此实现价值共创。

1.2.2 对"交通+旅游"融合发展的研究

（1）交通产业概况

交通产业是指使用所能见到的交通工具，为旅客以及货物提供空间位移服务，使其空间位置得到转移的所有社会经济活动的总和，凡是经营交通系统本身的经济活动，都可看作交通产业（侯榕，2019）。交通产业发展要以交通运输为载体，打破就交通论交通、就产业论产业的传统思维（温小栋等，2018）。交通作为一种独立发展的产业，有四种表现形式：一是以发展交通为宗旨的公司的建立；二是交通逐渐承担了社会交换中越来越多的内容，包括运送人和物品；三是交通发展是有一个过程的，交通产业需要不断完善和进步；四是交通产业的发展是与交通网络的纵深发展分不开的，当贯穿全球的陆海空交通网络建构基本完成时，才是交通产业步入发展的巅峰时期（安小平，2005）。

轨道交通产业链较为庞大，能对交通运输、交通管理等领域进行全过程的管控支撑，使人民出行安全得到保障，运行效率得到提升。

（2）旅游产业概况

旅游产业是依托核心吸引物（旅游资源）发展的产业，各类关联产业集聚，所需的各类要素的投入、积累，共同促进了旅游经济的增长（马国强，2019）。旅游产业是指经营者为使游客在旅游途中的各类需求得到满足，以旅游市场为主导，将各类产品组合提供给游客的产业（田启，2017）；旅游产业是一种综合性产业，能够满足游客对旅游资源的需求，提供餐饮、住宿、娱乐、交通等服务（祁海富，2021）。

旅游产业链是由提供不同旅游产品的行业组成的链状结构，不仅包括航空公司、酒店、景区等一些核心企业，还包括社交媒体、供应商和其他营销平台等。

（3）两大产业之间的关系

国内外学者对交通与旅游两大产业发展之间的关系做了大量翔实的研究。

在研究内容上，大多学者注重研究交通与旅游经济的关联性、交通便利对旅游资源开发的影响和交通基础设施对游客行为的影响等方面。Jameel Khadaroo（2007）研究了交通基础设施对目的地发展的重要性，调查结果显示，毛里求斯岛的交通基础设施对游客数量做出了积极贡献，尤其是来自欧美和亚洲的游客。Steven Rhoden 和 Maarja Kaaristo（2020）充分考虑了交通出行的视觉元素，指出交通出行体验在旅游体验中处于中心地位，游览中风景的变化对游客在旅游过程中至关重要。汪晓文和陈垚（2020）基于 PVAR 模型证实交通基础设施与旅游经济增长存在相互正向影响的关系，且交通基础设施对旅游经济增长的正向效应超过了旅游经济增长对交通基础设施的正向效应。洪媛琳（2020）指出，交通条件的便利性对游客潜在意向有积极的促进作用，同时探讨不同交通方式对游客行为的影响。蒋婷（2021）提出，交通对游客和旅游资源两个方面存在影响：一是影响游客的决策和满意度，二是影响对旅游资源的开发和旅游区的客流量。

在研究方法上，学者主要采用引力模型、拟合分析、SPSS 统计等方法。罗金阁等（2020）运用引力模型、拟合分析法测算了粤港澳大湾区交通可达性与旅游经济联系强度。卓嘎措姆和图登克珠（2018）利用SPSS 17.0 分析了川西区域交通客运量与游客人数和旅游收入的关系，提出实现川西区域旅游与交通协调发展必须构建公路、铁路、航空等立体交通网络。徐菁和靳诚（2020）用 SPSS 软件中的描述性统计功能对国内旅游人数和交通流量进行了标准化处理，划分出旅游发展和交通流量关系的五种类型。

交通和旅游两大产业存在相辅相成、互利共生的关系。交通运输是旅游业发展的基础支撑和先决条件，旅游产业因为交通产业的渗透更加方便快捷，交通产业因为旅游产业的填充更加充满活力，旅游产业的多种形式为交通持续注入能量。学术界普遍认同交通基础设施对旅游线路开发和旅游经济发展有所影响，反过来旅游业在一定程度上也促进了交通新线路的开发以及交通工具的产生。

第一，交通业发展对旅游的影响。拓展旅游线路。交通基础设施对旅游业发展的影响路径分为两种：一是通过交通开辟出新旅游线路，让可达性较低的目的地变为可通达或可直达；二是通过升级现有交通线路缩短时间距离（张自强、周伟，2021）。只有做好交通基础设施建设工作，才能确保地区旅游资源成功开发，以便吸引大量游客去观光开发设计好的旅游景区，最终将旅游资源变为经济收益（程心，2021）。完备的交通体系有助于减少旅游资源开发和挖掘的限制，拓展更多、更丰富的旅游路线。

推动旅游经济发展。四通八达的交通使原本比较冷清的旅游景点获得新的生机，建设旅游交通工程，可以实现有旅游需求的人群和想要发展旅游地区的无缝对接（田水莲，2019）。经济发展，交通先行，以秦皇岛长城旅游公路为例，加大交通建设的投入不仅可以汇聚客流，引导游客的消费方向，还可以吸引更多的投资者，为区域旅游经济潜在发展创造机会（周爱东，2019）。在交通产业的带动下，能充分将旅游资源的优势转化为经济的优势。

第二,旅游业发展对交通的影响。旅游业反哺交通。优质的旅游景点通常能够吸引较多的车流人流量,有助于促进区间内高速公路的运营收入,增加沿线服务区的营业收入(韦增平、黄德欢,2019)。交通演化和旅游发展存在互馈关系,从旅游因子对交通的贡献率来看,旅游产业收入、旅游产业规模和旅游产业基础的贡献率均在0.8以上(刘安乐等,2021)。

(4)"交通+旅游"融合的概念

在"宜融则融,能融尽融"理念的指导下,不少学者提出了"交通+旅游"融合发展的概念。沈丽(2021)认为,交旅融合是"交通+旅游"的有机结合,以交通和旅游的融合带动地方经济、社会、文化的发展,同时满足游客在探索旅游、休闲旅游、文化旅游、民俗旅游、生态旅游、康养旅游等旅游活动中的各类需求。李齐丽等(2019)在交通基础设施通达的前提下提出,交旅融合是以挖掘交通与旅游双重属性、拓展复合功能的方式满足旅游休闲的需求,并带动包括旅游在内的其他方面的发展。李俊卓(2018)认为,交旅融合发展指以便利出行、不断满足游客新需求为目的,通过转变发展理念、创新体制机制、优化供给结构等推动交通运输与旅游业的统筹协调、相互促进和合作共赢,实现行业发展的转型升级、提质增效。

一般产业融合都会存在人员、技术、资金、市场上的融合,交旅融合作为产业融合中的一个特例,在发展中也存在上述融合现象。交旅融合是多个产业、不同资源集约化的互动过程,不仅包含交通和旅游两大产业,在融合过程中也与其他产业相互作用,形成一个多线程的融合。

(5)"交通+旅游"融合的实现形式

随着对交通产业与旅游产业两者关系的深入理解,交旅融合发展模式变得更加多样化,学术界对交旅融合实现形式的研究主要从以下几点展开。

第一，旅游公路。如图1-4所示，旅游公路是以旅游资源为依托的一个概念，公路本身具有一定的景观优势，沿线景观良好、风景独特、文化特色鲜明能让游客在这条路上真切地感受自然与文化，获得身心的双重体验，公路视域范围内拥有视觉、自然、文化、历史、娱乐价值的复合功能廊道（凌珑，2020）。广西浦北至北流高速公路通过对旅游特色产品设计、产业模式升级、服务区经营模式等方面进行规划建设，构建了高速公路与旅游融合经营管理新模式（周盛等，2020）。

图1-4　旅游公路

第二，强化升级服务区。实现高速公路服务区向旅游型服务区转变，鼓励具备条件的服务区设立景区门票售卖点，开通"车票+门票"一票直达景区的服务，有助于为游客减少换乘时间，推动交通与旅游深度融合。邱巧等（2021）从硬件和软件两个层面探讨了重庆特色服务区的实施路径，在硬件方面，对服务区选址和布局进行优化，做到人车分流，在软件方面，考虑运营、品牌塑造、管理环节与所在区域联动发展，助力服务区转型升级。韦增平等（2019）探索了崇水高速公路"服务区+旅游"的发展模式，致力打造一个以交通枢纽功能为主，集旅游服务、商贸服务、物流集散、休闲游乐于一体的花山服务区。苏兴矩等（2021）提出，结合厦蓉高速公路的文化特色，建设以红路品牌为主题，集娱乐、休闲、购物、旅游功能于一体的适中服务区和古田服务区。例如，设在雅康高速公路天全服务区的游客咨询台(见图1-5)。

图1-5　设在雅康高速公路天全服务区的游客咨询台

第三，景观设计。将景区大门前置，使大门建筑与地方历史、人文、休闲、民族特色融为一体。沈丽(2021)提出，在保护自然生态环境的同时，让景观、公路、人与自然和谐相融在一起，实现"有景可观，边走边玩"，以带给游客独特的体验，并为旅游公路注入带动沿线经济社会发展的可持续生命力，例如，雅康高速公路天全服务区的入口景观设计(见图1-6)。

图1-6　雅康高速公路天全服务区的入口景观设计

第四，丰富旅游交通产品。交通方式分为铁路、公路、水运、航空、管道，按照不同交通方式与旅游可结合成，观光旅游、主题列车、低空飞行、水上运动、自驾车房车旅游等活动形式。赵丽丽和张金山（2018）提出了产品创新模式，在满足道路交通运行的基础上，植入观光小火车、音乐公路、云梯、天空步道、悬浮自行车等独特的游览体验形式，例如，雅康高速公路天全服务区内部景观（见图1-7）、雅康高速公路天全服务区的房车营地（见图1-8）。

图1-7　雅康高速公路天全服务区内部景观

图1-8　雅康高速公路天全服务区的房车营地

（6）"交通+旅游"融合的转型趋势

在"交通+旅游"融合发展过程中，李佩佩（2019）以九寨沟为例，将高速公路融入景中，实现通道变旅游；杨星等（2020）通过打造个性化和差异化的产品或服务，开发和完善路的附属设施，积极拓展服务区的旅游功能，使交通工具向旅游转变；狄婕（2021）以黑龙江省两市为例，着力打造路的周边建设，以带动周边经济的发展，使运输过程变旅游过程。

第一，通道变旅游。路即是景，致力提升沿线景观建设，本着"把高速公路轻轻地放进大自然中"的环保理念，让道路建设和环境和谐发展。例如，王眉灵（2021）提到，在通往九寨沟的高速公路上，游客可以在蓝色的加宽带里步行或漫游，沿途经过的美景区增设了白河、黑河两个停车观景区，车辆可在此停留欣赏美丽的风景。作为一条旅游路，不仅要具备通行功能，更应融入景区，让公路成为景区的一部分。

第二，工具变旅游。随着交通网络全覆盖和交通工具的可到达性，路的附属设施逐渐成为游客驻足停留、娱乐消费的载体，人们对交通工具的期待不再局限于从一个地方到达另一个地方，而是希望看到有个性和差异化的旅游产品。为进一步提升人民群众通行体验，"浙里畅行"全力提供出行前、中、后全链条"一窗式"服务，重点开展交通百度"点点通"、高速公路"伴你行"、智慧停车"E服务"、交旅融合"预先知"、水路运输"船易行"、农村客运"便民行"、城市公交"一站查"、特殊人群"无忧行"八大场景建设。

第三，运输过程变旅游过程。着力打造道路的周边，呈现处处都是美景的特点，完善运输过程中的建设，带动周边景点共同发展。例如，狄婕（2021）提到，在距牡丹江市区12千米，距海林市区9千米之处，一座集生态观光、民俗文化、休闲度假、农耕体验和自驾体验等多元化业态于一体的微度假型汽车营地正蓬勃兴起。营地中融入了汽车文化和朝鲜族文化的特色主题房，凸显浓郁的地域风情和乡村特色。营地的工作人员大多来自中兴村与周边村落，有效带动了乡村就业，促进了乡村本土人才回流。

1.2.3 综述

　　学术界对产业融合的研究以理论阐述为主，实证考察较少。学者主要从产业融合的路径、动力、机制、模式等角度进行分析，并综合运用多种方法，如多元统计分析法、案例分析法、拟合分析法、系统耦合法等。从众多学者的研究成果中可以得出，产业融合是一种过程，这一过程可分为两个阶段：从无到有，再到实现。在第一个阶段中，两个产业从最初的独立发展到有意识地相互联系并交织在一起，形成一个模糊的产业边界；在第二个阶段中，人员、技术、市场、产品、服务等要素逐渐融合在一起，产生新的产业业态，能够有力抵抗其替代品的竞争，并具有自身独特的优势和特征。综上所述，产业融合不是融合后再发展，而是发展中的融合，从微观层面来看，产业融合即各要素之间的融合。

　　国内外对"交通+旅游"融合发展的研究以阐述定义、实施路径、发展机制为主，只有少数学者以一个地区的案例入手，提出存在的问题及相应的解决策略。但缺乏聚焦于川西区域"交通+旅游"融合发展的研究，更缺乏对整个"交通+旅游"融合发展理论体系的研究。关于交通与旅游的关系，国内外学者大多侧重研究交通对旅游业的影响，较少涉及旅游业发展为交通带来的意义，研究成果主要集中在交通对旅游业发展及旅游目的地选择的影响、旅游业对交通运输的需求、交通运输对旅游业发展的影响。由于在获取和处理数据方面有难度，大多研究仅对交通流量和旅游发展进行分析，而缺乏对区域高速公路体系结构影响的分析。

　　因此，明确"交通+旅游"融合发展的内涵，给出清晰的"交旅融合"概念模型，如何在四川省战略发展框架下实现川西区域旅游业与高速公路融合发展，如何提出有针对性、可落地的策略与建议，做到普遍适用，还有待研究与突破。

1.3 "交通+旅游"融合发展相关政策分析

近年来，国家和四川省推出了一批与"交通+旅游"融合发展相关的政策文件，如表1-1所示。本节对这些政策的主要内容和导向趋势进行分析，从主管部门的视角加深对"交通+旅游"融合发展的理解。

表1-1　与"交通+旅游"融合发展有关的部分国家和省级政策文件

发文时间	级别	文件名称	主要精神	发文单位
2017年3月	国家级	《关于促进交通运输与旅游融合发展的若干意见》	扩大交通运输有效供给，优化旅游业发展的基础条件，加快形成交通运输与旅游融合发展的新格局	交通运输部、国家旅游局、国家铁路局、中国民用航空局、中国铁路总公司、国家开发银行
2017年6月	国家级	《全域旅游示范区创建工作导则》	构建畅达便捷交通网络，推进精品旅游线路发展	国家旅游局
2017年10月	国家级	《关于组织开展旅游公路示范工程建设的通知》	打造公路旅游精品路线，激发和释放旅游消费新需求，服务群众旅游休闲的多样化需要	交通运输部办公厅
2017年11月	国家级	《关于全面深入推进绿色交通发展的意见》	打造国家旅游风景道，促进交通旅游融合发展	交通运输部
2018年3月	国家级	《关于促进全域旅游发展的指导意见》	统一规划布局、优化公共服务、推进产业融合，满足旅游消费需求	国务院办公厅
2018年4月	国家级	《关于在旅游领域推广政府和社会资本合作模式的指导意见》	鼓励运用政府和社会资本合作（PPP）模式改善旅游公共服务供给，大力推动旅游业质量变革	文化和旅游部、财政部

续表

发文时间	级别	文件名称	主要精神	发文单位
2018 年11 月	国家级	《关于促进乡村旅游可持续发展的指导意见》	推动乡村旅游提质增效，提升乡村旅游基础设施质量，加快形成农业农村发展新动能	文化和旅游部、国家发展改革委、工业和信息化部、财政部、人力资源社会保障部、自然资源部、生态环境部、住房城乡建设部、交通运输部、农业农村部、国家卫生健康委、中国人民银行、国家体育总局、中国银行保险监督管理委员会、国家林业和草原局、国家文物局、国务院扶贫办
2019 年4 月	四川省	《关于大力发展文旅经济　加快建设文化强省旅游强省的意见》	推动文旅与交通、工业、商贸等融合发展	中共四川省委、四川省人民政府
2019 年8 月	国家级	《关于进一步激发文化和旅游消费潜力的意见》	顺应旅游提质转型升级新趋势，提升文化和旅游消费质量水平，增强居民消费意愿	国务院办公厅
2019 年9 月	国家级	《交通强国建设纲要》	加速新业态新模式发展，深化交通运输与旅游融合发展	中共中央、国务院
2020 年10 月	国家级	《交通运输部关于四川省开展成渝地区双城经济圈交通一体化发展等交通强国建设试点工作的意见》	建设"站城一体化"综合交通枢纽，拓展休闲娱乐与旅游集散等功能	交通运输部

发文时间	级别	文件名称	主要精神	发文单位
2021 年 1 月	国家级	《关于服务构建新发展格局的指导意见》	充分发挥交通运输在构建新发展格局中支撑保障和先行作用	交通运输部
	四川省	《四川省"十大"文化旅游品牌建设方案（2021—2025 年)》	完善立体化综合旅游交通网络，推进城市交通站点与景区无缝对接	四川省人民政府办公厅
2021 年 2 月	国家级	《国家综合立体交通网规划纲要》	构建现代化高质量国家综合立体交通网，加快交通强国建设和产业融合发展	中共中央、国务院
2021 年 4 月	国家级	《"十四五"文化和旅游发展规划》	贯彻落实国家"十四五"文化改革发展规划，加快推进旅游和相关产业发展	文化和旅游部
2021 年 5 月	国家级	《关于巩固拓展交通运输脱贫攻坚成果全面推进乡村振兴的实施意见》	从旅游、交通全面推进乡村振兴战略实施，加快建设交通强国	交通运输部

1.3.1 "交通+旅游"融合发展的必要性

完善综合交通运输体系，开发特色旅游产品，促进交通与旅游融合发展，已成为建设交通强国、实现中华民族伟大复兴的根本性民生工程。"交通+旅游"融合发展是推进社会主义现代化国家建设的重要战略基石，也是人民美好生活的有力保障。"交通+旅游"融合发展的必要性体现在促进旅游业转型升级、引导交通产业绿色发展、助力脱贫攻坚进程三个方面。

（1）促进旅游业转型升级

第一，旅游业转型的原因。2018年3月，国务院办公厅发布的《关于促进全域旅游发展的指导意见》（以下简称《全域旅游意见》）指出，旅游业已成为国民经济的战略性支柱产业。但随着时间的推移，有效供给不足、市场秩序不规范、机制体制不完善等问题被逐步放大。为响应国家"五位一体"总体布局和"四个全面"战略布局，适应经济社会发展和人民群众旅游需求新变化，旅游产业亟须转型发展。

2021年2月，中共中央、国务院印发的《国家综合立体交通网规划纲要》（以下简称《规划纲要》）提出，将交通与旅游融合发展作为推进综合立体交通建设的主要任务之一。2019年9月，中共中央、国务院印发的《交通强国建设纲要》旨在推动交通发展由追求速度规模向注重质量效益转变，在此基础上，关注交通运输与旅游产业的融合发展。《全域旅游意见》明确了两项重要目标：一是推进产业融合发展，二是加强基础配套设施。2021年，文化和旅游部发布的《"十四五"文化和旅游发展规划》（以下简称《"十四五"文旅规划》）同样指出，积极推进文化和旅游与其他领域融合互促，不断提高发展质量和综合效益。2017年，交通运输部联合国家旅游局、国家铁路局、中国民用航空局、中国铁路总公司以及国家开发银行6部门共同印发的《关于促进交通运输与旅游融合发展的若干意见》（以下简称《意见》）要求，加快形成交通运输与旅游融合发展的新格局。由此可见，交通与旅游融合发展已经成为旅游业转型升级、提质增效的新方向且已具备坚实的政策条件。

第二，旅游业转型的目的。旅游业转型的根本目的是满足人民群众日益增长的物质文化需求，从而带动全社会的经济进步。《规划纲要》明确指出，要形成交通带动旅游、旅游促进交通的良性互动格局，满足游客高品质、多样化、个性化的出行需求，有效促进国民经济良性循环。《全域旅游意见》指出，发展全域旅游的意义是以旅游业为优势产业，统一规划布局、推进产业融合，提升旅游业现代化、品质化，更好满足旅游消费需求。2019年8月，国务院发布的《关于进一步激发文化和旅游消费潜力的意见》提出了提高消费便捷程度、促进产业融合发展、发展假日和夜间经济等八大任务，旨在从供需两端入手，激发文化和旅游消费潜力。

第三，交旅融合的实现方式。为促进旅游业改革发展，国家层面不断出台有关政策文件，详细说明了"交通+旅游"融合发展的现实路径。

《规划纲要》提出打造具有广泛影响力的自然风景线、强化交通网"快进慢游"功能。2017年3月，《意见》从交通出行的便捷性、旅游线路的功能性两个方面详细说明了构建"快进慢游"交通网络的意义。《交通强国建设纲要》在推动旅游风景道、自驾车房车营地、低空旅游、游艇旅游等发展的基础上，聚焦交通设施的旅游服务功能。为进一步开发旅游服务功能，《全域旅游意见》将精品旅游线路、旅游风景道、铁路遗产等资源定义为交通旅游产品。

《意见》提出联合景区与服务区打造创新建设模式，推动功能单一的高速公路服务区向集交通、旅游、生态、消费等复合功能于一体的服务区转型。2021年1月，交通运输部发布的《关于服务构建新发展格局的指导意见》同样提到了高速公路服务区可以适度拓展文化、旅游、消费以及客运中转、物流服务等功能。

2017年10月，交通运输部发布的《关于组织开展旅游公路示范工程建设的通知》明确指出了试点工程建设步骤：选择具有丰富景观价值的旅游路线；将旅游公路的建设与优质景观相互融合；加强交通旅游大数据应用，开展特色信息服务；建立交通与旅游部门共同参与的旅游公路建设管理机制，推动旅游业变革。

在国家政策的引领下，四川省及各地结合交旅融合发展现状提出了一系列以特色旅游线路、基础设施建设、信息化景区、投融资渠道为主的发展路径。

《关于大力发展文旅经济 加快建设文化强省旅游强省的意见》（以下简称《加快建设意见》）、《关于印发四川省"十大"文化旅游品牌建设方案（2021—2025年）的通知》（以下简称《通知》）以及《交通运输部关于四川省开展成渝地区双城经济圈交通一体化发展等交通强国建设试点工作的意见》（以下简称《试点工作意见》）均提到依托丰富的旅游资源，打造旅游精品线路的思路，但侧重点不同。《加快建设意见》重点关注 G317、G318、G223 等示范试点工程，力求打造攀西阳光康养旅游线、香格里拉生态文化旅游线、G317/G318 中国最美景观大道旅游线等 9 条四川旅游精品线路；《通知》旨在构建"7+72+N"的"十大"文旅品牌精品线路体系，打造 7 条国家级文旅精品线路、72 条精品主题线路以及"N"条定制型特色游线路；《试点工作意见》提出全力建设 G8513 九寨沟至绵阳高速公路以及 G0615 马尔康至久治高速公路。

2017 年 6 月，国家旅游局发布的《全域旅游示范区创建工作导则》倡导旅游景区大力推行智能化服务，形成集交通、气象、治安、客流信息等于一体的综合信息服务平台，涉旅场所实现免费 Wi-Fi、通信信号、视频监控全覆盖，普及在线预订、网上支付，在主要旅游区实现智能导游、电子讲解、实时信息推送。

省内各地市（州）政府也相继出台了一系列相关的政策文件，如巴中市人民政府于 2018 年 6 月发布的《关于印发巴中市"交通+旅游"融合发展实施方案（2018—2020年）的通知》，对交通支撑旅游发展、旅游反哺交通发展的融资模式进行了探索。此外，为提升游客出行体验，巴中市人民政府鼓励运输企业开通"车票+门票"一票直达、全程服务的景区直通车，推进客运枢纽到重点旅游景区通客车全覆盖。

（2）引导交通产业绿色发展

与经济高速发展相伴的是生态环境的不断恶化，交通运输发展方式相对粗放，运输结构不够合理，绿色交通治理体系有待完善，治理能力有待提高。近年来，中共中央、国务院及相关部门印发的相关文件均强调了交通领域绿色发展的重要性。

2019 年 9 月，中共中央、国务院印发了《交通强国建设纲要》，指出推动交通发展由追求速度规模向更加注重质量效益转变，构建安全、便捷、高效、绿色、经济的现代化综合交通体系。《交通强国建设纲要》特别强调要加强交通领域的节能减排，优化交通能源结构，推进新能源、清洁能源应用，促进公路货运节能减排，推动城市公共交通工具和城市物流配送车辆全部实现电动化、新能源化和清洁化。

2017 年 11 月，交通运输部发布的《关于全面深入推进绿色交通发展的意见》从绿色交通基础设施示范工程、交通基础设施生态修复项目、公路边坡植被防护、生态功能与景观品质、生态廊道与国家旅游风景道建设等方面提出了更加详细的发展规划，强调人与自然和谐共生的同时促进交通旅游融合发展。

（3）助力脱贫攻坚进程

党的十九大提出了实施乡村振兴战略的发展计划，通过对乡村生态环境的治理以及相关产业的整合，提升乡村居民的生活质量。旅游业是当前乡村振兴发展中极为重要的一环，也是推动脱贫攻坚进程的重要力量。自 2018 年以来，多部门基于乡村旅游区域布局、基础设施建设两个战略方向提出了若干发展建议。

2018 年 4 月，为发挥旅游业在精准扶贫中的重要作用，文化和旅游部、财政部发布了《关于在旅游领域推广政府和社会资本合作模式的指导意见》，明确指出发展的重点领域包括旅游景区、自驾车旅居车营地、乡村旅游、旅游城镇、智慧旅游等。2018 年 11 月，国家发展改革委联合文化和旅游部、财政部、自然资源部等 17 个部门发布了《关于促进乡村旅游可持续发展的指导意见》，通过改造乡村旅游环境，丰富相关旅游产品，引导乡村旅游向市场化、产业化发展。在此基础上，为鼓励社会资本合理开发乡镇特色旅游资源，落实相关配套经营性服务设施，使乡村振兴与旅游产业有机结合，2021 年 5 月，交通运输部在文件《关于巩固拓展交通运输脱贫攻坚成果全面推进乡村振兴的实施意见》中提出了完善乡村旅游景区交通集散体系的计划。该文件关注科技创新的重要性，坚持交通、旅游等各类信息开放共享。

1.3.2 "交通+旅游"融合发展中存在的问题

《全域旅游意见》《规划纲要》《"十四五"文旅规划》等文件从综合立体交通网络、基础设施建设、特色旅游产品等方面描绘了我国"交通+旅游"融合发展的重要蓝图，但也从侧面反映了产业融合发展面临的突出问题与薄弱环节。

《规划纲要》明确交通运输与相关产业融合发展有较大提升空间。《"十四五"文旅规划》进一步指出，文化产业、交通产业、旅游产业之间存在发展不平衡的问题。例如，川西区域基于独特的旅游资源，开发了诸多自然景点，打造了极具吸引力的特色景区。但受限于特殊的自然条件，川西区域高速公路的建设与维护只能在艰难中前行。就公路而言，川西区域公路密度较小，仅为全国水平的七分之一，其通达深度低，路网整体服务功能低下，导致汽车的运载能力有限，无法促进旅游业的快速发展。因此，该区域旅游业和交通运输业相较全国水平处于落后地位，存在许多亟待解决的问题。

《全域旅游意见》明确指出，我国旅游业存在市场秩序不规范以及体制机制不完善等问题。随着旅游业的蓬勃发展，景区过度商业化、政府管理缺位、市场定价不合理等问题浮出水面。热门景区在开发的同时并没有充分考量景区建设与经济发展的协同关系：局部地区的古街、古城已经改成特色商品一条街，林立的商铺牌匾遮挡了古建筑原本的风貌，丧失了最初的观赏性和价值性。同时，由于缺少完善的管理机制和职能部门的有力监管，特色产品价格虚高、服务质量不够理想、景区布局杂乱无章等问题频发，严重影响了旅游业稳定发展。

1.3.3 "交通+旅游"融合发展的趋势研判

通过梳理和总结我国在推进交通与旅游融合发展方面的政策与经

验，研究目前交旅融合面临的主要问题，对未来交通与旅游融合发展的趋势有了一定的认识并形成了若干推进思路。

（1）两大产业协同发展

"交通+旅游"融合发展是满足人民日益增长的美好生活需要的重要抓手，也是推动我国经济发展的重要力量。近年来，国家层面、地区层面和行业层面不断出台有关交通与旅游融合发展的政策文件，在指导两大产业深入推进的同时，也指出了产业之间融合深度不够、市场秩序不规范、局部地区发展不均等问题。为贯彻国家供给侧结构性改革部署，落实创新、协调、绿色、开放、共享新发展理念，将交旅融合一体化发展纳入旅游发展总体战略规划。在规划过程中，加强土地利用、交通布局、景区开发、市场营销等多领域的融合，促进多部门对发展质量的共同把控，保障两大产业发展规划的高度协调。

为顺应消费升级需求，扩大交通与旅游的有效供给，实现脱贫攻坚和乡村振兴有效对接，促进提振消费与扩大投资深度结合，两大产业在协同发展的过程中应注意以下几点：建立健全管理体制和协调机制，督促市场稳定发展；拓展投融资渠道，鼓励社会资本参与交旅融合的建设、运营过程；合理调配资源，完善旅游基础设施与交通网络建设；结合独特的旅游资源和交通线路，规划商业布局，加强宣传营销，推广独具魅力的交通旅游产品。

（2）管理体制与协调机制

完善管理体制。六部门联合印发的《关于促进交通运输与旅游融合发展的若干意见》明确指出了交通与旅游融合发展要多部门联动，内容涉及交通、旅游、经济、社会等多个领域和相应的部门。针对现有管理机制，将进一步完善融合发展体系构架、资金筹措、奖惩方案等内容，健全必要部门的工作管理机制，约束不法行为，减少市场乱象，为"交通+旅游"融合发展各环节提供有效支撑。

基于"交通带动旅游、旅游反哺交通"理念，构建多个主体共同参与的正反馈协调机制。其中，交通、旅游主管部门负责战略制定、政策推行等工作；地方政府发挥协调和监督的作用，合理调整土地资源，完善基础设施，打造特色景区；投资主体负责融资决策和运营模式的选择；建设主体加强与地方政府、投资人和产业经营者的合作，力争在规定时间内完成交付；运营主体参与交旅融合的过程，获得可观收益并将收益再次投入交通基础设施的建设过程，实现长期稳定发展。

建立综合协调机制，采取"政府主导、企业主体、市场运作"模式，提高发展效益。例如，采用景点资源有偿转让的形式，将资源转化为资本，采取社会多方参与开发方式，实行"管委会+公司"管理模式。在此基础上，建立旅游开发资源共享、利益共享机制，完善景区法人治理结构，实现公司化运营。

（3）优化外部环境

"交通+旅游"融合发展离不开良好的外部环境，而交通网络、服务设施、特色景区、市场监管等方面在外部环境优化过程中也是不可忽视的一部分。未来，交旅融合将继续挖掘旅游资源潜力，不断开发特色旅游线路，进一步普及"快进慢游"交通网络，提高通达性、便捷性以及舒适度；继续拓展高速公路服务设施的旅游功能，不断引进优质餐饮业、酒店业、服务业等业态，将复合型服务区扩建为中大型旅游城镇；贯彻"一票直通"门票思路，串联一定区域内的所有景点，统筹衣、食、住、行一条龙服务，打造综合型特色景区；基于综合型特色景区，搭建统一信息咨询平台，方便消费者查询信息、购买门票、入住酒店；继续推进管理体制与协调机制的建设，加强市场监管力度，严厉打击哄抬物价、虚假营销等违法犯罪行为。

（4）具体推进举措

资金、技术、人员是促进社会生产活动的内在驱动力，交旅融合高质量发展同样离不开以上要素的保障。此外，两大产业协同发展还需要有针对性的研究与宣传营销。

在资金层面，地方政府以发展社会经济、提高民生福祉为目标，将公共资金合理分配到基础设施建设、景点景区维护、业态扩充等方面；单列"交通旅游融合"发展建设专项补助资金，专用于高速公路、服务区、景区、配套设施等项目建设；采用 BOT 和 TOT 项目融资模式，鼓励社会资金以集体经济组织或个人的形式参与"交旅融合"发展建设。

在技术层面，新形势下，新产品形态和新商业模式应运而生，在线导览、在线解说、在线购票均在旅游业得到普遍应用，依托虚拟现实和人工智能等技术打造的新型旅游体验使虚拟旅游成为可能；为景区、服务区引进高新技术，实现高强度 Wi-Fi、通信信号全覆盖，有效提升游客出行体验。

在人员层面，实施专项人才工程，挑选研读交通、旅游专业，拥有交通旅游协同发展知识储备，参与"交旅融合"项目或类似项目的规划建设，具备一定发展视野的复合型人才，为新时代信息化发展奠定基础。

在宣传层面，由交通管理部门、旅游管理部门与具备相关项目经验的高校合作，开展"交通+旅游"融合发展研究工作。研究内容包括但不限于交旅融合发展现状、实现方式、存在的问题、"旅游+"未来发展趋势等。同时，遴选专业宣传推广团队，基于研究成果，采用旅游、文化、经济、交通运输等多角度宣传推广。充分利用影视、新闻媒体、报纸杂志、公众号、微博、抖音等媒介，有针对性、有计划性地对景点、服务区、精品线路等资源实施宣传推广，全方位展示交旅融合模式下旅游产品的魅力。

2

"交通+旅游"融合发展的定义与特点

2.1 "交通+旅游"融合发展的定义

"交通+旅游"融合发展就是打破传统的交通和旅游产业边界，形成"你中有我，我中有你"的格局，实现可持续的共同发展。

实现"交通+旅游"融合发展，就要把旅游产业的资源、运作方式和业态引入交通产业，促进交通旅游化，创造新的场景、业态和经营模式，在业务、市场、资源、人才、信息、机制等方面深化两大产业之间的整合，从而改变交通为旅游提供基础设施和位移服务的传统产业分工，实现产业间的互惠共生、协同演进。

2.2 "交通+旅游"融合发展的特点

"交通+旅游"融合发展，具有融合动力的复合性、融合内涵的层次性、融合过程的演进性和融合行为的多样性等特点。

2.2.1 融合动力的复合性

在影响交旅融合发展的主要因素中，可将交通产业的发展、旅游产业集群内部结构性变化、两大产业间的内在关联视为推动产业融合发展的内生动力因素，将政策支持、消费升级视为驱动产业融合发展的外生动力因素。交通与旅游在内外驱动力量的共同作用下，实现更高层次的融合发展。

（1）内部驱动力量

交旅融合发展的内部驱动力量，由交通产业的发展、旅游产业集群内部结构性变化和交通与旅游两大产业间的内在关联构成。

第一，交通产业的发展。交通运输网络的完善为"交通+旅游"有效融合发展提供了前提条件。道路是城市交通网络建设的骨架，加快道路工程建设既是提高道路通行能力的重要保障，也是改变一个城市容貌和经济的关键举措。通过对原有路段进行重筑、翻新，打通"断头路"、拓宽"瓶颈路"、改造"老街路"，使众多景区景点的可达性大幅提升。目前，综合交通网络总量已粗具规模，交通网络布局和结构日益完善，形成了更加便捷、畅通、高效、安全的综合运输体系，重点旅游城市各干支路点、线、面相互衔接，实现了全国主要城市间互联互通，进一步刺激了旅游需求的增长，为实现"交通+旅游"融合发展迎来了契机。

快进慢游体系的建成为交通产业带来新发展方向。"旅长游短"这一普遍现象仍制约着交通和旅游两大产业的发展，交通便捷是实现快进的关键，旅游新业态是保证慢游的必要条件。通常游客会根据交通工具的快慢程度以及路线的畅通程度选择出行方式和交通线路，事实上，不同的交通方式和路线存在着某种相互竞争或替代或他择的关系，在同样可到达目的地的情况下，人们更倾向于选择特色鲜明的交通线路。客观上即要求提升线路的附加值，创造差异性，使交通线路不仅成为旅游通道，更成为人们愿意驻足停留的目的地，实现"旅短游长"。在快进慢游的体系建成后，交通产业面临着新的发展方向问题，城市经济拥有更大的发展空间。

交通产业需要注入新动能引领行业高质量发展。交通产业主要应该展现两个方面的作用：一方面是社会作用，无论是在线路开发建设时期还是建设完成后，都需要集聚各方的人力和物力，这就为当地创造了大量的就业机会，提升了区域就业水平，建设完成后，着重体现了交通充当运输载体这一功能，多种交通运输方式为人们出行提供了极大的便利，并加强了不同区域间的相互联络，推动了社会稳定有序运转；另一方面是经济作用，交通运输产业具有单位造价高、投资规模大、建设周期长、沉淀成本高的属性特征，在交通基础设施建设过程中，需要耗费大量的人力、物力和财力，然而仅凭交通设施常规的运输功能无法拉动沿线区域经济的增长，缺乏必要的资金支持，导致部分区域交通产业的盈利能力存在问题。如何拓展收入以确保投资收益，并带动交通产业经济发展成为急需解决的问题，转变交通产业发展模式和产业转型升级势在必行。

第二，旅游产业集群内部结构性变化。旅游供给侧结构性改革为交旅融合提供了多样化的组合思路。近年来，为了满足游客需求日趋个性化和差异化的发展趋势，旅游产业从产品设计、服务体验、营销手段等多方面进行改善，并不断加大旅游市场开发力度。从旅游基本要素来看，在"吃、住、行、游、购、娱"的基础上扩大要素供给，增添了"商、学、养、闲、奇、情"六大新要素，服务体验也由传统型向复合型转变。面对旅游需求量的增加，从旅游产业自身入手，通过延长产品线的长度、拓展产品线的宽度，开发一系列具有特色的产品和旅游设施，丰富和完善旅游产业供给链，使旅游产品种类由单一性向多样性转变。为进一步满足个性游、自主游、深度游、高端游的旅游群体，还需要通过行业间的联动与产业融合，培育新的增长动力，依托其他相关产业的资源，创新旅游产业发展格局。

随着旅游产品同质化越来越严重，新的旅游方式层出不穷，打开了交旅融合新方向。产品间的相似不仅体现在名称、外表、价格上，还体现在包装、广告、功能上。以小镇特色商品为例，旅游商品技术含量不高，不同景点售卖的特色产品大同小异，无法凸显当地特有的历史文化，也因此降低了游客出游的欲望；从旅行社线路来看，一般的包价观光旅游产品和服务质量都较为粗糙，选用的餐饮和住宿条件相对简陋，并且大多旅行社推出的线路仅限于几个热点城市，畅销的旅行线路每年被反复售卖，缺乏创新意识和能力，加剧了旅游产业同质化的现象。为了打破同质化现象，延伸出自驾车、房车、低空、水下、文化主题线路等旅游方式，充分运用产业间的联动打造旅游新路线。例如，大兴安岭正式开启了低空旅游模式，游客可乘坐直升机360°体验与鸟儿同飞翔、与白云共飞舞的奇妙之旅；近年来，"三游"（游船、游艇、邮轮）发展迅速，常德市将"游船夜游+实景演出"相结合，使观众在水中行、景在两岸走，成为水上旅游的新方式。

第三，交通和旅游两大产业的内在关联。交通产业与旅游产业之间的内在关联作为关键的驱动力量之一，对交旅融合发展起到了极大的促进作用。从需求来看，人们对旅游形式的期待不局限于沿路风景、特色美食、网红景点、历史文化等，有时海上邮轮、低空飞行、水上运动、主题列车、观光巴士等一些交通工具也会成为旅客出游的目的；从供给来看，交通运输为游客提供往返于出发地与目的地的工具设施，完善的旅游交通网络让宝贵的旅游资源被人们发现和挖掘，如果没有成熟的交通网络体系的支撑，再好的旅游资源也会被埋没，并将一直处于待开发状态；从经济收入来看，作为旅游业的重要组成部分，旅游交通收入在旅游收入中占有较大的比例，交通便利、道路畅通与否都将直接关乎游客出行目的地的选择和行程的安排，最终影响反映在旅游经济收入上。

随着交旅融合创新产品的不断推出，逐渐凸显交通与旅游两大产业在多要素方面的相互关联、相互交叉，具有天然的耦合性。旅游产业为交通产业的转型升级提供了重要的机遇，交通产业为旅游产业的发展提供了更大的盈利空间，交通与旅游产业相互融合、相互促进，通过功能和技术等方面的解构—重组—再解构，形成"你中有我，我中有你，共同发展"的新局面，它们之间存在的这种关联性为交旅融合发展提供了内在动力。

（2）外部驱动力量

第一，政策支持。政策作为一种外部驱动力量，为交旅融合发展指路护航。近年来，我国加快推动交通与旅游两大产业融合发展，《规划纲要》对完善交通基础设施建设、强化交通网络快进慢游体系、打造具有广泛影响力的自然风景线等方面作出重要战略部署；《交通强国建设纲要》在推动旅游风景道、自驾车房车营地、低空旅游、游艇旅游等发展的基础上，聚焦交通设施的旅游服务功能；《全域旅游意见》提出要打造旅游风景道、铁路遗产、大型交通工程等特色交通旅游产品，并强调了景区、干线公路、休息区等要素有机结合的重要性。《意见》提出结合地方特色在高速公路服务区增设休憩娱乐、旅游景点查询、票务、特色产品售卖等功能，推动功能单一的高速公路服务区向集交通、旅游、生态、消费等于一体的复合功能的服务区转型，同时《意见》鼓励整合旅游和土地资源，在具备条件的地方建设配套旅游停车场和自驾车房车营地，并做好自驾车房车营地与交通干线之间的联通，避免孤岛化发展。《四川省"十三五"旅游业发展规划》提出打造大熊猫国际生态旅游线、国道318/317川藏线最美景观旅游线、蜀道三国文化旅游线等10大精品旅游线路的战略布局，构建无缝对接的旅游交通体系，完善旅游公共服务设施，实施全域旅游和"旅游+产业"融合发展；2017年6月，国家旅游局发布了《全域旅游示范区创建工作导则》，指出要构建畅达便捷的交通网络、丰富旅游产品以及合理配置建设旅游停车场等，此外，还倡导旅游景区大力推行智能化服务，涉旅场所实现免费Wi-Fi、通信信号、视频监控全覆盖，在主要旅游区实现智能导游、电子讲解、实时信息推送。2018年6月，巴中市人民政府发布了《巴中市"交通+旅游"融合发展实施方案(2018—2020年)》,提出持续完善旅游交通网络建设,包括旅游干线公路网络和乡村旅游基础网络,推进客运枢纽到重点旅游景区通客车全覆盖。

旅游业是国民经济重要的战略性支柱产业,交通运输是旅游业发展的基础支撑和先决条件。各级政策文件,皆高度强调发展旅游交通的重要性,结合交旅融合现状对交通运输结构层面、交通工具层面、生态旅游产品层面进行创新和完善,并提出了特色旅游线路、基础设施建设、信息化景区、投融资渠道等发展路径。

第二,消费升级。我国经济已由高速增长阶段转向高质量发展阶段,人们对生活品质的追求逐渐从物质层面转向精神层面,交通产业和旅游产业消费需求也大幅升级。

从交通产业来看,以往人们只关注交通线路的便利性和可达性,而现在,在线路的选择上更加多样化,越来越注重交通枢纽的时效性、运载工具的舒适性、附属设施的综合性和通道周边的体验性,对线路本身的景观设计和边走边游的体系有了更高的要求。从旅游产业来看,随着我国旅游产业体系的不断丰富完善,不同群体更加追求多元化的活动和差异化的旅游体验。不少旅游企业为满足消费升级的要求,一方面,从自身内部的产品、服务、技术等方面进行改革创新,以减轻产品同质化的冲击;另一方面,技术的进步在某种程度上使交通与旅游产业间的相融性越发凸显,部分企业正试图抓住这一机遇,探索交通与旅游融合发展的前景,通过改进和整合要素与资源实现交通旅游化更为丰富的创新,将旅游资源、业态模式和运营经验注入交通产业,实现资源利用最大化和价值创造最大化,从而推动交通旅游化发展,最终形成新产品、新业态、新模式和新功能,以此来满足不断升级的消费需求。

无论是政策的引导还是消费升级的驱动都为交旅融合发展指出了方向,成为推动交旅融合的一大动力引擎。在理念创新、技术创新与模式创新等的驱动下,将进一步激发交通旅游化发展的活力,为两大行业融合发展带来更加广阔的发展前景。

2.2.2　融合内涵的层次性

交旅融合的内涵包含三个层次，分别是交通线路旅游化、配套设施旅游化、沿线旅游资源整合与开发运营。综合这三个层面的发展，遵循需求导向、协同联动、突出特色、绿色低碳四大原则，持续推动交通运输和旅游产业在业务、市场、资源、人才、信息、机制等方面的深度融合，为交旅融合注入可持续发展的能量。特别是随着高速公路的不断发展，衍生出了更多的新资源，依托公路派生和演变产生路衍经济，实现"以点带线、以线促面"的发展新模式，最终达到多方共赢。

（1）交通线路旅游化

交通线路旅游化使线路景观与民族特色、人文历史、自然环境有机融为一体，形成独特的风景线。要按照需求导向实现交通线路旅游化，即在规划旅游具体路线时要从游客的实际需求出发，以需求为导向设其所需。基于对热门交通工具的选择，推出巴士站点、登山步道、骑行绿道、自驾专线等公共交通方式，并在沿途建设一批观景台、民宿、自驾车房车营地，将闲置土地资源利用起来，打造交通线路"边走边玩、有景可观、快进慢游"的体系。在交通线路规划设计阶段就应该将旅游纳入规划，做到交通、旅游规划一盘棋，降低后期旅游开发的难度并减少时间和经济成本，且发挥区域旅游资源丰厚度和特色度不同的地理条件优势，着力突出各地特色。如世界第一高桥——北盘江大桥与周围的巍峨山峦和秀丽风光融为一体，乌蒙山与北盘江大桥构成的美丽画卷，吸引了大量游客来观光旅游，为旅游市场的发展增添了活力，当地居民通过农家乐和农产品外销创造经济效益，为区域经济发展注入了源源不断的动力。强调"路即是景"这一理念，打破了交通运输作用的局限性，让原本功能单一的运输通道向交通运输、休闲娱乐、出行补给、文化传承、生态保护等复合型功能转变，使过境地也可以成为人们驻足停留的目的地。

目前，从旅游客源地到旅游目的地普遍面临着高速公路与景区"最后一公里"的问题，游客若是乘坐公共交通，则在到达集散中心后可能需要多次换乘才能到达最终目的地。旅游交通作为连接旅游客源地与旅游目的地的纽带，对两地的连接和促进起着至关重要的作用。景区大门前置能够有效地解决从旅游客源地到旅游目的地"最后一公里"的问题，并激发游客对景点景区的无限遐想，使他们迈出探索的第一步；同时开通"车票+门票"一票直达功能，节省游客在景区购票和换乘的时间。

(2) 配套设施旅游化

配套设施旅游化不仅能为游客出行带来极大的便利，还能提升游客体验，满足交通、生态、文化和游憩等复合功能。在"交旅融合"理念下，除了要重视旅游公路本身的基础设施建设，还应重点关注交通功能以外的其他配套设施和服务的设计。

为满足游客对旅游设施更高的诉求，开发交旅融合发展的综合性功能，高速公路服务区的旅游化打造是一个很好的做法，通过打造，实现由交通型服务区向旅游型服务区转型，促进"服务区+路衍经济"发展。例如，苏州阳澄湖服务区在原有基础设施的基础上引入科技、娱乐等相应的配套设施，满足了不同年龄阶段游客的需求，通过 VR 主题体验园和机器人餐厅助力研学旅行，开展昆曲表演以提升服务区的文艺气息。在游客步入服务区的那一刻，一座"苏州园林"直接映入眼帘，使游人如同来到了"苏州园林"。再如，东庐山服务区依水而建，凭借得天独厚的自然资源开设划船冲浪的项目，把服务区打造成开放式的度假旅游区，并增设了房车营地，促进自驾游。

(3) 沿线旅游资源整合与开发运营

有效利用沿线旅游资源，充分结合当地的历史文化、民俗风俗等打造独特的风景长廊，带动道路沿线区域发展。在发展路衍经济上需要具备前瞻性，树立长远发展的思维，路衍经济依托公路而产生，在交通线路规划初期应将旅游纳入谋划范围，不闲置一寸土地，不浪费一点资源。保持交通与旅游产业间信息共享，为高速公路路衍经济发展打好基础。

按照绿色低碳原则，将高速公路打造成绿色生态走廊。结合高速公路沿线景观和资源，致力于建设一条安全舒适、经济环保、绿色低碳，集旅游、文化、景观、生态、科技于一体的高速观光道路。例如，六宾高速公路，结合了沿线良好的生态植被，以梅文化为主题，打造出了一条"一年四季芳草绿、百里高速梅花香"的生态旅游高速公路，该项目周边有名山生态旅游景区、昆仑关战役遗址、白鹤观、蔡氏古宅等诸多旅游胜地，在提升高速公路车流量的同时，也促进了周边旅游胜地客流量的增长。另外，还可以在公路两侧种植一些具有经济价值的植被，开发高速公路农业经济带，如山东省在京沪高速公路部分路段两侧栽植杨树，推广林地蔬菜、林地食用菌、林地耐阴花卉等林经间套作，并利用路边的取土塘发展水产养殖。从直观现象来看，建设绿色生态走廊满足了人们旅游时所注重的观光价值；从更深层次来看，绿色生态和低碳环保背后蕴藏着巨大的经济价值，即以交通建设为契机，带动周边旅游、商业、餐饮、汽车及康养产业共同发展，通过产业间协同联动加速产品及服务创新，完善产业价值链。

2.2.3　融合过程的演进性

交通与旅游两大产业的共生是交旅融合的前提。刘超和冯春林（2021）指出，共生关系由共生单元、共生模式、共生环境组成，其中共生单元是共生系统中物质、信息及能量交换的基本单位，共生界面是共生单元间各类要素交换所需的媒介、通道或载体，共生模式是共生单元间相互作用、结合的方式，共生环境是影响共生系统所有因素的总和。程质彬和孙希瑞（2020）指出，共生环境的培育对共生关系的稳定具有关键作用，共生关系的形成需要满足的条件包括具备时间或空间上的联系、在给定的时空条件下至少形成一个共生界面、共生单元之间按照某种方式进行物质、信息和能量的交流等。交通和旅游产业联系紧密，交通产业是旅游产业发展必不可少的先决条件，对旅游资源的开发和客流量的提升都具有重要意义，同时交通产业因旅游产业的融入而更加充满活力；交通产业和旅游产业能够形成公共交通旅游设施、交旅产品等共生界面；交通产业与旅游产业有可能共享业务、市场、机制、信息等资源，并使资金、技术、人才等要素在两大产业间流动；近年来，国家、省级和地方层面提出的交旅融合政策，以及各地相关部门的成立都在致力于促进两大产业间的共生，这种有利的外部环境为维护交通与旅游两大产业共生的稳定关系奠定了基础。

共生的方式包括点共生、偏利共生和互惠共生。胡海和庄天慧（2020）认为，点共生是指产业融合中产业间的作用带有随机性和偶然性，且共生系统的演化通常表现为一方的存在与发展依赖其他主体的行为；娄策群等（2014）认为，点共生只在某一方面发生作用，或在某一特定时刻相互作用，点共生具有不稳定性，共生效率低。戴茜（2021）指出，偏利共生是指共生关系所产生的增长能量只存在单边输入，即对一方有利而对另一方没有影响。池昭梅等（2021）认为，偏利共生产生的新能量只流向某一共生单元，只对一方有利而对另一方无影响。高嘉馨等（2021）提出，非对称互惠共生表现为系统各成员分别存在互惠关系，各成员获得不同的收益，有利于实现利益演化均衡；对称互惠共生表现为系统各成员分别存在互惠关系，各成员获得相同的收益，相互促进彼此收益的提升，有利于快速实现利益演化均衡。戴茜（2021）指出，非对称性互惠共生因能量分配不均，致使分配比例较高的一方增长进化程度也较快，与非对称性互惠共生相比，对称性互惠共生使共生关系内的每一方都能够获得同等的成长和升级机会。

交通产业和旅游产业满足共生关系所需的条件，就能够形成共生关系。交通与旅游产业融合形成的共生关系，短期可能是点共生或偏利共生，经过长期发展，会逐渐形成互惠共生的关系，在更长的时间尺度下，将由非对称性互惠共生逐渐向对称性互惠共生演进。

从短期来看，点共生有如下几种原因：一是交通线路附近有天然的旅游资源，或是附近的设施有旅游价值。如雅西高速公路的旅游价值就依赖附近天然的旅游资源，这条全长 240 千米的四川最美高速公路由四川盆地边缘向横断山区爬升，途中跨越青衣江、大渡河、安宁河等水系，奔驰在这条公路上仿佛置身于崇山峻岭和波涛汹涌的江河之间。此外，雅西高速公路沿途设有七个服务区，除了能够满足人们出行的基本补给需求，沿着雅西高速公路还能赏川西美景、品川西美食，天然温泉和民俗客栈等旅游设施应有尽有。正是因为此地具有丰厚的旅游价值，所以才在更大程度上吸引了众多的游客，并由此带动了沿线交通收入的提高。二是交通和旅游产业可能在某一个时间段内存在共生关系，但这种共生关系并不具有稳定性。例如，"季节性赏花游"，以樱花而闻名的无锡鼋头渚樱花谷内有多达 3 万株、100 个品种的樱花树，游人不约而同地前来参加"全国樱花论坛、樱花动漫节、樱光夜跑"等诸多活动，相比全年其他时间段，一般在 3 月中旬至 4 月上旬，交通工具的使用量和游客出行量迅速上升，过了这一时段后，又恢复到原有的平静。

交通和旅游产业在偏利共生状态下，可能是一方依附另一方而实现提质增效，或是某一产业充当载体，推动另一产业实现蓬勃发展。高速交通线路的建成为旅游打开了新板块，直观上可以明显看出，高速公路的通车为旅游景点带去了更多的客流量，同时促进了旅游景区经济的增长，两大产业相互作用时，在短期内只有旅游产业一方呈明显的增长趋势，交通产业在达到一定规模后则不易看出明显的变动情况。但在产生短期效益的同时，也在为稳固加深交通与旅游产业长期融合发展做铺垫。

随着时间的推移，在前述内外部驱动力量的作用下，交通和旅游两大产业会相向而行，共生成为持续现象，通过产业间博弈和政策调节等过程，逐渐达成均衡，使两大产业的关系渐渐稳定下来，由偏利共生转化为非对称性互惠共生，二者根据产业在新格局中的地位取得不同收益。从更长远的角度来看，交通与旅游两大产业从社会、生态、经济效益等多个方面相互促进，将逐渐演进为对称性互惠共生的关系。这种互惠共生关系的内涵是丰富的，将会呈现多业态交互、多场景并存、多模式适应、多机制联动、多主体协同、多要素结合的局面。在社会效益方面，旅游能够促进交通线路的开发，进一步缓解交通压力，带给游客更加便捷和畅通的出行体验，正如"旅游是现代交通转型的重要方向标"所言；在生态效益方面，交旅融合始终秉持着创新、协调、绿色、开放、共享的新发展理念，以保护地方特色为前提，合理开发和利用资源，打造"绿水青山"和极具观赏力的生态环境；在经济效益方面，旅游业反哺交通业发展，随着特色景区、景点和旅游线路的不断开发，旅游目的地收到显著的推广和宣传效果，客流量和人流量逐年上升，使沿线交通获得了较为可观的收入，同时带动了周边地区经济的发展，推动"绿水青山"向"金山银山"转变。

"交通+旅游"融合发展是相互促进、共同生成的一种过程。这个过程的起点在于交通和旅游两大产业有了一定程度的发展，并在各自运行中产生了比较密切的联系。在融合发展的过程中，打破旧平衡，实现新平衡，两大产业进入链接更加紧密的共生发展状态，它们各取所需、扬长避短，并在不同的范围层面得到有益发展。当具备一定的条件后，两大产业的共同进化又会打破这种新的平衡，而被更新的平衡所取代，如此周而复始、协同演进、螺旋式上升。用交通塑造旅游，以旅游彰显交通，全面挖掘交通和旅游发展的新优势，推动更高层次、更深水平的协同发展，最终实现连续共生和互惠共生。

2.2.4 融合行为的多样性

"交通+旅游"融合充满了多个机制、多类主体、多项要素和多种模式之间的关联、渗透、交叉、互动，它们一环扣一环地运作，每一环节既可以独立运行，也可以与其他环节相互结合、互相联动，产生"1+1>2"的效果。

（1）多主体行为

交旅融合发展过程涉及在地政府、职能部门与行业管理机构、企业、金融机构、游客、社区等多个主体的复杂行为，每个主体在交旅融合过程中都扮演着举足轻重的角色。

在政府管制层面，涉及在地政府与社区，以及旅游、交通运输、铁路、民航等业务主管部门，还可能涉及国土资源、自然环境、发展与改革、规划、应急管理、民族宗教等主管部门。在地政府需要为交旅融合项目创造良好的外部环境，协调项目建设与在地居民生产生活之间的关系，并尽可能给予优惠政策和各种支持。相关职能部门与行业管理机构通过建立健全行业管理政策与相关制度，为交旅融合理顺管理机制，清除政策上的障碍，规范企业经营行为，引导交旅融合健康发展。

在企业经营层面，涉及交通与旅游两大行业的建设与运营企业、投融资机构以及为数众多的提供配套和保障性服务的企业，如各种专业技术服务机构、中介机构、餐饮、会展、广告企业等。企业作为资源整合的平台，是交旅融合项目的承担者，同时培养和锻炼着"交通+旅游"融合发展在项目策划规划、运营管理、产品开发等方面所需的人才。金融机构为建立健全"交通+旅游"融合发展的投融资平台提供支撑，进一步拓宽投资渠道，增加两大产业在融合发展中的投资收益，有效降低因融资难等问题而面临的一系列阻碍。

在消费与传播层面，涉及游客、媒体及其他利益相关者。游客是交旅融合最重要的参与方之一，其需求导向推动了特色交旅产品的产出，其认可度和满意度反过来又促进了服务和旅游设施的进一步完善。社区及其居民作为重要的利益相关方，与项目建设运营方关系的好坏，对交旅融合项目的成功具有重要意义。

（2）多种融合方式

"交通+旅游"融合发展方式具有多样性，涵盖业务渗透、资源整合、市场协同、人才培育、信息共享、机制协调六大融合方式。

业务渗透是企业利用自身有利条件向另一产业延伸业务，从而形成新的业态。在原有的交通业务和旅游业务的基础上，将交通产业链下游的交通建设管理和出行服务，与旅游产业链上中下游的景区资源、旅游产品和终端游客相结合，借助交通和旅游各自产业链的渗透，丰富产品功能、拓宽销售渠道、创造新的市场机会。

资源整合是充分挖掘交通和旅游资源，并对不同内容的资源进行识别与选择、汲取与配置、激活和有机融合，不断拓展两大产业之间有形资源共享。如注重交通线路本身的景观建设，秉持着"把大自然轻轻放进高速公路"的环保理念，对线路景观进行适当改造和提升，做到"一路一景"；完善交通线路的附属设施，展现交旅产品集交通、娱乐、休憩、购物、文化、生态等于一体的复合功能，不断深化交通旅游服务品质，实现高标准建设；打造线路周边，将交通网络串联起来形成旅游环线，带动沿线区域经济发展。

市场协同是交通和旅游两大产业在客户、渠道、品牌等方面共享市场，从而逐步实现市场一体化。客户资源共享网络包含内外部两个方面：一方面，各产业内部通过结构优化，强化与客户的合作关系，构成内部资源共享网络；另一方面，两大产业转型升级，创造新的业务交叉点，与客户在各业务领域展开广泛合作，建立起客户与客户之间的外部资源网络。人们日益增长的旅游需求，促进了以需求为导向的特色交旅产品的开发，两大产业市场协同发展，有利于把游客引进来、留下来，借此将区域特色与产业相结合，积极开拓营销新渠道，实现品牌与产业的有效链接，形成"快进慢游"的旅游模式，释放旅游市场活力。实现客户、渠道、品牌、公共基础设施等资源的共享，有助于提升产业资源利用效率，克服产业分散经营的缺陷。

交通与旅游融合发展是一项系统工程，需要大量具备跨学科能力的复合型人才。交通与旅游两大产业在融合过程中将逐步明确对人才的需求，建立起人才就业、流动、管理等方面的机制，从而在人才培育方面实现融合。交旅融合发展在行业管理、创新和设计、具体运作等层面，都需要大量的人才。针对不同类型和层次的人才需求，整合两大产业中各类培训机构的力量，建立起跨行业的教育与培训体系，充分实现人才共享，有助于为交旅融合高质量发展提供人才支撑。

信息共享，即交通与旅游两大产业间打破"信息孤岛"，实现信息与数据的交互和共享。交旅融合过程中涉及规划、设计、建设、运营等多个环节，各环节信息的互联互通，有利于交旅融合项目顺利推进。数据的流通和共享，不仅可以优化资源配置，节约社会成本，提高数据资源利用率，还可以使企业不同部门之间或者两大产业之间的数据实现联结互动，从而打破"数据孤岛"，保证交旅融合在多个环节中信息互通，共同创造更多的财富。而建立产业间的协调机制，是信息共享的一个重要前提。

机制协调，即打破两大产业在行业管理、规划设计等管制方面的阻隔，形成统筹协调基础上的机制联动，必要时甚至需要设立常设的协调机构。交通与旅游两大产业融合发展涉及多方面和多层次的因素，有效融合行为的发生建立在具备协调的管理机制、工作机制和领导机制的基础上。高效的管理机制有助于两大行业之间形成统一标准，降低沟通与交易成本。工作机制由一系列工作程序有机联系、相辅相成，共同构成一个整体机制，它贯穿于交旅融合发展的全过程，协调行业内部各项活动，有利于保证各阶段工作程序有效衔接、顺利运行。领导机制对于推进产业融合发展具有十分重要的意义，不仅能够组织各企业之间联合与协作，还能够激发行业主管、企业、媒体和社区等各主体的主观能动性和创造力，形成共同促进交旅融合发展的强劲合力。

在交旅融合发展的初级阶段，业务渗透和资源整合是融合的主要方式，两大产业之间可能存在点共生的关系，初级阶段主要涉及有形资源，而较少涉及产业内部结构和两大产业之间的关系，表现形式也以项目建设与运营为主，对机制建设有一定的要求。市场协同和人才培育是进一步的融合方式，到这一阶段，必须有一个产业间的稳定的协同机制。随着融合逐渐深入发展，交旅融合进入高级阶段，此时信息共享和机制协调成为主要的融合方式，两大产业逐步形成互惠共生的关系，必须真正打破两大产业的边界，在行业管理层面形成某种协调和联动机制，将"交通+旅游"融合发展推向纵深。

2.2.5 小结："交通+旅游"融合发展的一般性质

第一，"交通+旅游"融合发展是有条件的。"交通+旅游"融合发展，必须在具备相关资源的基础上进行，这种融合是交通和旅游两大产业在发展中的融合，通过融合获取新的发展，进而促进地方经济社会发展，因交旅融合只能在全域旅游背景下"宜融则融，能融尽融"，而不能不顾客观条件和产业发展的实际情况，盲目推进。

第二，"交通+旅游"融合发展是一个过程。这一过程的起点在于交通和旅游两大产业有了一定程度的发展，并在各自运行中产生了比较密切的联系。在融合发展的过程中，打破旧平衡，实现新平衡，两大产业进入连接更加紧密的共生发展状态。未来，两大产业的共同进化又会打破这种新的平衡，被更新的平衡所取代。

第三，"交通+旅游"融合发展必须是两大产业的互惠共生。"交通+旅游"融合发展的过程，应该形成产业间的共生。这种共生在时间上应该是连续的而不是间断的，在行为上应该是互惠而不是寄生或偏利的，只有这样，"交通+旅游"融合发展才是可持续的。这种互惠共生关系的内涵是丰富的，将会呈现多业态交互、多场景并存、多模式适应、多机制联动、多主体协同、多要素结合的局面。

第四，"交通+旅游"融合发展是有方向的。这个方向是"交通+旅游"，而不是"旅游+交通"，因而"要把旅游产业的资源、运作方式和业态引入一般意义上的交通产业，从而形成新的场景、业态和经营模式"。

第五，"交通+旅游"融合发展的必要条件是交通的旅游价值。交通的旅游价值包含三个方面：交通通道与枢纽、交通通道的附属设施(如服务区、桥梁、隧道等)和运载工具、交通通道的周边，这三个方面层层展开，共同构成基于交通网络的路衍旅游资源(这种资源的特点是与交通网络高度相关，交通网络所到之处会逐步开发出沿线资源)。

第六，"交通+旅游"融合发展是多层次的。"交通+旅游"融合发展的内涵，包括业务融合，即两大产业中的企业利用自身有利条件向另一产业延伸业务，从而形成新的业态；资源融合，即两大产业之间不断拓展有形资源共享，如旅游目的地资源、交通设施资源等；市场融合，即两大产业在融合中逐步实现市场一体化，共享市场；人才融合，即两大产业间的人才共享和交旅融合人才的培育；信息融合，即两大产业间打破"信息孤岛"，实现信息与数据的交互和共享；机制融合，即打破两大产业在行业管理、规划设计等管制方面的阻隔，形成统筹协调基础上的机制联动，必要时甚至需要设立常设的协调机构。

第七，"交通+旅游"融合发展是分阶段实现的。在融合发展的初级阶段，可能多是业务融合、资源融合与市场融合，两大产业之间可能是点共生的关系。随着融合向纵深发展，逐步形成互惠共生，这时候的融合方式，可能会过渡到以机制融合、人才融合与信息融合为主。

第八，"交通+旅游"融合发展是涉及多个主体的复杂行为。在政府管制层面，涉及在地政府与社区，以及旅游、交通运输、铁路、民航等业务主管部门，还可能涉及国土资源、自然环境、发展与改革、规划、应急管理、民族宗教等主管部门。在企业经营层面，涉及交通与旅游两大行业的建设与运营企业、投融资机构，以及为数众多的提供配套和保障性服务的企业，如各种专业技术服务机构、中介机构、餐饮、会展、广告企业等。在消费与传播层面，涉及游客、媒体及其他利益相关者。

2.3 "交通+旅游"融合发展的概念模型

"交通+旅游"融合发展的概念模型如图 2-1 所示。

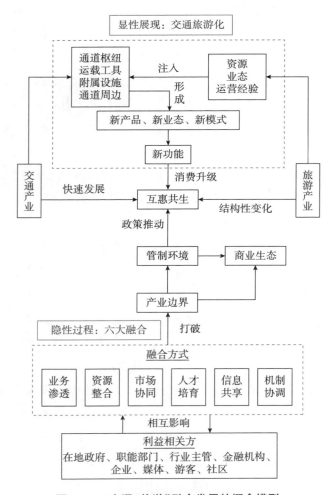

图 2-1 "交通+旅游"融合发展的概念模型

产业融合之所以能够发生，一定是因产业间经过一段时间的共同发展和磨合，产生了一些可供融合的共同点，进而越走越近，形成一种你中有我、我中有你的密切关系。具体到"交通+旅游"融合发展，随着产业发展、市场供求关系和产业内部组织的变化，交通与旅游两大产业逐渐产生融合发展的客观要求，这是融合的前提。通过多个利益相关方、多种机制的综合作用，逐渐打破原有的产业边界，进而影响管制环境和商业生态，这为"交通+旅游"融合发展创造了适宜的外部环境。在内外部驱动力量的共同作用下，推动两个产业间逐步形成互惠共生关系，形成"交通+旅游"融合发展的基本格局。当然，融合过程不是也不可能是一蹴而就的，要深入推进，持续关注，双向奔赴，久久为功，这就需要高超的战略定力和运作技巧，因此还需要在实践中不断探索"交通+旅游"融合项目的建设与运营管理模式，将融合发展推向纵深。

交旅融合发展，存在着显性展现与隐性过程这两条互为条件、互相补充、缺一不可、共同作用的实现路径。

显性展现就是实现交通旅游化，即把旅游产业的资源、运作方式和业态引入交通产业，促进交通旅游化，创造新的产品、内容、场景、业态和模式，为两大产业赋予新的功能。遵循需求导向、协同联动、突出特色、绿色低碳四大原则，通过交通线路旅游化、配套设施旅游化和沿线旅游资源整合与开发运营，共同构成基于交通网络的路衍经济格局，从而形成两大产业的新功能，使两大产业适应并受惠于消费升级。

交通旅游化的背后是相关政府职能部门、在地政府、行业管理机构、金融机构、企业、媒体、社区等利益相关方在业务、资源、市场、人才、信息、机制等方面的融合过程，这是交旅融合的隐性路径。通过业务渗透和资源整合，可以将交通产业链下游的交通建设管理和出行服务，与旅游产业链上中下游的景区资源、旅游产品和终端游客结合在一起；通过市场协同和人才培育，可以实现两大产业在客户、渠道、品牌、人才等方面的共享；通过信息共享和机制协调，打破两大产业间在行业管理、规划设计等方面的阻隔，形成统筹协调基础上的联动机制。

在现阶段，交旅融合发展的基本模式可以概括为"市场主导，政府引领，产业协同，项目带动"。

市场主导，指交旅融合归根结底是一种市场行为，市场是实现交旅融合的主导方式。交旅融合只能在市场机制调节下"宜融则融，能融尽融"，而不能不顾市场规律和产业发展实际情况，盲目推进，大干快上。

政府引领，指在尊重市场主导地位的前提下，政府通过积极有为的行动，促进交旅融合的发展，如完善政策法规，为产业融合提供有效的制度保障；改造基础设施，为产业融合创造良好的运营环境；改善服务体系，为产业融合搭建健全的平台支持；健全监管机构，营造公平的市场秩序，实现对交旅融合发展的科学引导等。

产业协同，指在交通和旅游产业间形成分工明确、协同联动的工作机制。从设计到建设再到运管的各个阶段，都要实现无缝对接，形成共同推动交旅融合发展的合力。

项目带动，指建设一批带动性强、关联度高、影响力大的交旅融合项目，树立交旅融合发展的标杆，扩大交旅融合发展的影响力，在社会上凝聚共识，争取更广泛的理解和支持。

需要注意的是，即便形成了较好的融合架构，仍然有可能出现一些反复，融合过程中的深深浅浅、进进退退、分分合合、曲曲折折都是正常的，甚至是必要的。换个角度来看，如果过程当中没有曲折，没有循环往复，只有单向的线性运动，那么这个过程也必然缺乏应有的美感。因此，要在融合前探索、融合中运作和融合后管理的全过程中不断创新，不断创造出新的融合方式和融合过程，让产业融合历久弥新，不断掀起融合发展的新高潮。

2.4 路衍经济——推动川西区域"交通+旅游"融合发展的重要引擎

川西区域以其丰富的自然风光和独特的文化遗产吸引着众多游客，而高速公路的建设进一步促进了交通便利性和旅游发展。在此背景下，路衍经济作为推动川西区域"交通+旅游"融合发展的重要引擎，将起到关键的推动和助力作用。

2.4.1 路衍经济的含义与特征

路衍经济是指在交通基础设施的建设过程中，周边地区因其带来的便利与机遇而产生的经济效应，它是交通基础设施建设所引发的经济外溢效应的体现。它不仅体现在基础设施本身的带动作用上，更重要的是通过引发相关产业的发展，推动当地经济的蓬勃增长。路衍经济具有外溢性、乘数效应和持续性等特点，对促进区域经济发展具有重要的作用。

路衍经济具有明显的外溢效应，即经济活动从交通线路中心向周边地区扩散。路衍经济的乘数效应，指它可以引发一系列连锁反应，通过多个环节的刺激作用，实现经济规模的进一步扩大。路衍经济的持续性，指的是它不仅在交通基础设施建设期间产生效应，而且在之后的运营和使用阶段持续存在。

2.4.2 路衍经济在川西区域"交通+旅游"融合发展中的重要意义与作用

路衍经济在川西区域"交通+旅游"融合发展中，对推动基础设施建设、开发旅游线路、保护旅游资源等方面具有重要意义。

推动基础设施建设。路衍经济有力推动着川西区域基础设施的建设，包括公路、桥梁、机场等交通设施的改善和扩建，相关的服务设施也将逐渐完善，包括沿线的加油站、休息区、餐饮住宿等，为游客提供了更加便捷和安全的交通条件，进一步提升了旅游线路使用者的出行舒适度，有利于吸引更多游客来川西旅游。

开发旅游线路。路衍经济带动着川西区域旅游线路的开发和优化。通过修建道路和改善交通网络，旅游目的地的可达性显著提高，游客能够更加便捷地到达川西，原本偏远的景点和景区变得更易游览，这为游客提供了更多选择和便利，激发了旅游需求，进一步增加了游客的数量和频次，为川西旅游业带来了巨大的机遇。

保护旅游资源。路衍经济促进着川西旅游资源保护与开发的平衡。适度的基础设施建设和旅游线路规划有助于合理利用和保护自然和文化资源，提升旅游目的地的吸引力，同时确保可持续的生态环境和文化传承。路衍经济的发展可以为当地政府提供更多的经济支持，用于加强旅游资源的保护和管理措施。例如，投资环境保护项目、加强监管力度、制定限制性规定等，以确保旅游资源的可持续利用。路衍经济的发展可以创造更多的就业机会，在一定程度上减少当地居民非法开发和破坏旅游资源的行为，从而有利于保护旅游资源的可持续性。

促进经济增长和就业。路衍经济的发展有利于川西区域从传统的农牧业经济向以旅游、文化、生态等为主导的多元化经济转型。路衍经济将带动相关产业的发展，如餐饮、住宿、交通运输、导游服务等，同时也会促进特色农产品、手工艺品等传统产业的升级和发展。这种经济转型将为当地居民带来更多的就业机会，提高收入水平，改善生活质量。

增进区域合作与文化交流。路衍经济的发展不仅是一个个单独的项目，更是连接川西与周边地区的纽带，将极大加强区域间的互联互通，促进经济合作、文化交流和人员往来。同时，路衍经济也为不同地区之间的资源互补提供了条件，促进了区域间的经济互利合作，实现共同发展。在川西地区，路衍经济有利于吸引更多游客，推动不同文化之间的交流与融合。游客通过接触当地居民、参观传统村落、参与文化活动等方式，可以增进对川西地区文化的了解与认知，进而促进民族团结和社会发展。

总之，为了最大限度地发挥路衍经济的潜力，需要进一步加强政策支持和管理措施，促进路衍经济在川西区域高速公路交通与旅游融合发展中的可持续发展，并实现经济、社会和环境的协调发展。如针对路衍经济可能导致区域发展不平衡，特定地区获益较多而其他地区受益相对较少的情况，要通过加强区域协调发展，制定政策措施，促进路衍经济在整个川西地区的均衡发展，避免过度集中在某些地区；针对路衍经济的发展可能对当地资源和环境造成一定的压力和影响的情况，需要进一步进行合理规划和管理，注重资源的合理利用和环境的保护，并加强人才培养和技术支持，提高当地居民在路衍经济发展中的参与能力和竞争力。

3

川西"交通+旅游"融合发展现状分析

3.1 川西"交通+旅游"融合发展水平评价

3.1.1 研究方法与数据来源

本节采用的研究方法为耦合模型，耦合一词原本是物理学的概念，指两个或两个以上的电路元件或电网络的输入与输出之间存在紧密配合与相互影响，并通过相互作用从一侧向另一侧传输能量的现象。在耦合协调度模型中，耦合度指两个或两个以上系统之间的相互作用影响，实现协调发展的动态关联关系，从而反映系统之间的相互依赖、相互制约的程度。耦合协调度模型共涉及 3 个指标值的计算，分别是耦合度、协调指数、耦合协调度，结合耦合协调度和协调等级划分标准，最终得出各项的耦合协调等级。据此，给出对交旅融合系统的基本描述，如图 3-1 所示。

(1) 耦合协调度模型

交通运输方式作为连接景区的桥梁和纽带，是旅游业发展的基础和先决条件，例如，交通工具的可选择性、高速公路的安全性等均会影响游客的旅游决策；地方旅游业的快速发展也会助推综合交通系统升级改造，带动周围区域经济的发展，提高财政收入。因此，综合交

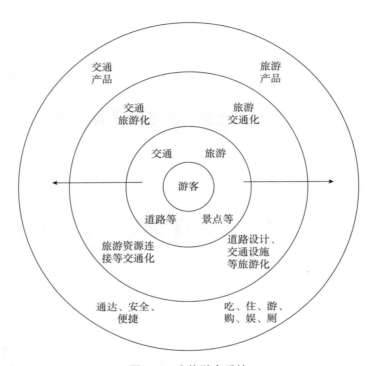

图 3-1　交旅融合系统

通体系与旅游产业相互作用，最终形成一个耦合系统。耦合协调度模型如下：

$$C = \frac{\sqrt{U_1 U_2}}{U_1 + U_2}$$

$$T = aU_1 + bU_2$$

$$D = \sqrt{C \cdot T}$$

　　其中，D 为耦合协调度（$0 \leqslant D \leqslant 1$）；$T$ 为综合交通体系和旅游产业的综合协调指数，反映综合交通体系和旅游产业的整体协同效应；U_1、U_2 分别为交通系统、旅游系统的综合发展水平；a、b 为待定系数，本书认为综合交通体系和旅游产业同等重要，故这里 a 和 b 均取 0.5，根据协调度 D 值可以划分为 10 种类型，耦合协调度等级划分标准如表 3-1 所示。

表 3-1 耦合协调度等级划分标准

耦合协调度 D 值区间	协调等级	耦合协调程度
（0，0.1）	1	极度失调
［0.1，0.2）	2	严重失调
［0.2，0.3）	3	中度失调
［0.3，0.4）	4	轻度失调
［0.4，0.5）	5	濒临失调
［0.5，0.6）	6	勉强协调
［0.6，0.7）	7	初级协调
［0.7，0.8）	8	中级协调
［0.8，0.9）	9	良好协调
［0.9，1.0）	10	优质协调

本书拟采用熵值法测算各个指标对交通系统和旅游系统的贡献程度，采用线性加权法衡量和评价旅游产业和交通系统的综合发展水平，公式如下：

$$U_i = \sum_{j=1}^{m} u_{ij} W_{ij} , \ \sum_{j=1}^{m} W_{ij} = 1$$

其中，U_1、U_2 分别为交通系统、旅游系统的综合发展水平，用以衡量子系统对总系统贡献的大小；i 为子系统；j 为指标；m 为指标总量；W_{ij} 为第 i 个系统中第 j 项指标的权重；u_{ij} 为第 j 项指标对系统贡献大小的功效系数。

（2）评价体系的构建

结合交通与旅游系统耦合协调模型的内涵以及川西区域的实际发展情况，本书建立了较为合适的指标体系，采用熵值法确定权重。其中，交通方面的指标分为公路里程数（千米）、公路货运量（万吨）、公路货运周转量（万吨千米）、公路客运量（万人）、公路客运周转量（万人千米）、机场数量（个）6 项指标。旅游业的指标体系包括星级饭店数

(个)、住宿业企业数(个)、国内旅游收入(亿元)、国内游客量(万人次)、旅游外汇收入(万美元)、入境游客量(万人次)、AAAAA级旅游景区数量(个)7项指标。

第一,无量纲化处理和确定极值。x_{ij}是第i个系统中第j个指标,u_{ij}是$x_{ij}(i=1,2;j=1,2,\cdots,n)$的功效系数,$\max(x_{ij})$、$\min(x_{ij})$分别代表交通、旅游系统某个指标的最大值、最小值,反映平稳状态系统上下临界点的取值。由此可知:功效系数u_{ij}有正、负功效的区别;正指标x_{ij}值越大,正向贡献程度也就越大;反之,负指标x_{ij}值越大,负向贡献程度就越大,公式如下:

$$u_{ij}=\begin{cases}\dfrac{x_{ij}-\min(x_{ij})}{\max(x_{ij})-\min(x_{ij})}(u_{ij}\text{具有正功效})\\[2ex]\dfrac{\max(x_{ij})-x_{ij}}{\max(x_{ij})-\min(x_{ij})}(u_{ij}\text{具有负功效})\end{cases}$$

进行无量纲处理后,功效系数$u_{ij}(0\leqslant u_{ij}\leqslant 1)$的大小表示$x_{ij}$对整个复合系统的贡献程度。$u_{ij}$越接近0,说明其贡献程度越低;$u_{ij}$越接近1,说明其贡献程度越高。

第二,指标权重的确定。指标权重p_{ij}采用熵值法,其具体步骤如下:

步骤一:计算第j项指标下第i个评估对象指标值的比重:$P_{ij}=u_{ij}/\sum\limits_{i=1}^{n}u_{ij}$。

步骤二:计算第j项指标的熵值:$S_{ij}=-\dfrac{1}{\ln n}\sum\limits_{i=1}^{n}P_{ij}\ln P_{ij}$(交通产业子系统中$n=6$,旅游产业子系统中$n=7$)。

步骤三:计算第j项指标的差异度:$\alpha_j=1-S_j$。

步骤四:计算指标的权重:$W_j=\alpha_j/\sum\limits_{j=1}^{m}\alpha_j$。

计算结果如表3-2所示。

表 3-2 耦合协调度指标体系及权重计算结果

系统	评价指标	权重
交通	公路里程数(千米)	0.1897
	公路货运量(万吨)	0.2683
	公路货运周转量(万吨千米)	0.0150
	公路客运量(万人)	0.2700
	公路客运周转量(万人千米)	0.1879
	机场数量(个)	0.0691
旅游	星级饭店数(个)	0.2214
	住宿企业数(个)	0.0587
	国内旅游收入(亿元)	0.1117
	国内游客量(万人次)	0.1262
	旅游外汇收入(万美元)	0.2208
	入境游客量(万人次)	0.2143
	AAAAA 级旅游景区数量(个)	0.0468

(3)数据来源

基于交通和旅游两系统的互动关系和耦合机制,本书拟建立交通和旅游系统的综合评价指标体系,并利用 2012~2020 年的数据对两者耦合程度进行建模分析,从而更深刻地把握两者的耦合发展规律。相关数据主要源于《四川省统计年鉴 2013—2021》、《国民经济和社会发展统计公报 2012—2020》,以及甘孜藏族自治州和阿坝藏族羌族自治州人民政府、统计局、文化体育和旅游局等相关部门官方网站公布数据。

3.1.2 川西区域交通与旅游两大产业的耦合协调度评价

根据上述公式对原始数据进行处理,得到 2012~2020 年川西区域交通和旅游系统的综合发展水平 U_1、U_2 和耦合协调度 D 的计算结果,如表 3-3 所示。

表3-3 2012~2020年川西区域交通和旅游系统综合发展水平及耦合协调度计算结果

年份	U_1	U_2	C	T	D	协调等级
2012	0.41145	0.43540	0.49980	0.46003	0.42342	5
2013	0.59887	0.37436	0.48651	0.48657	0.48662	5
2014	0.35143	0.52776	0.48984	0.46404	0.43959	5
2015	0.44968	0.53270	0.49821	0.49469	0.49119	5
2016	0.53836	0.50612	0.49976	0.51088	0.52224	6
2017	0.55389	0.44069	0.49675	0.49702	0.49729	5
2018	0.54605	0.33230	0.48497	0.46150	0.43918	5
2019	0.66289	0.49151	0.49446	0.53423	0.57720	6
2020	0.41497	0.56462	0.49413	0.49196	0.48980	5

(1)交通和旅游发展水平

表3-3的数据显示，总体来说，除了2014年、2018年受稻城县和九寨沟地震的影响，交通和旅游发展水平小幅下降，其他年份的交通发展和旅游水平都相对稳定，从而两者的耦合度也比较平稳。

川西区域交通行业发展水平波动平缓，呈稳步提升趋势。旅游业发展水平呈现一定程度的波动：2014~2018年，主要受国际经济不稳定和股市大跌的影响，入境人数和外汇收入持续下降；2019年九黄机场通航并且九寨沟于2019年9月27日起对部分景点恢复对外试运行，刺激了旅游业的发展，使2019年旅游发展水平小幅度上升；2020年4月新冠疫情得到控制，国内大面积解除封禁，如图3-2所示，自4月起，旅游人数一路飙升，于10月达到顶峰，比2019年10月增长了59.1%。

(2)耦合协调水平

如图3-3所示，2012~2013年耦合协调度小幅上升；2013~2014年耦合协调度小幅下降，主要归结于2013年5月17日四川甘孜州稻城县发生里氏4.9级地震，导致泸定县山体滑坡、磨子沟大桥山体垮塌、国道 318 线中断、海螺沟景区大板岩处因山体滑坡造成公路中断，地震导致的多处公路中断对当地的公路运输造成了极大的影响。2015～2016 年耦合协调度平稳上升；2016～2018 年协调度下降，主要是 2017 年九寨沟因地震而闭园，致使客运量和游客量大幅下降；2019～2020 年耦合协调度下降是因为受到新冠疫情的影响。

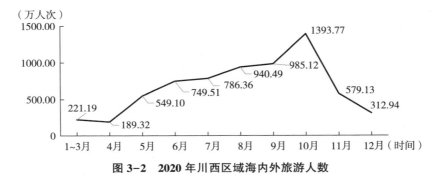

图 3-2   2020 年川西区域海内外旅游人数

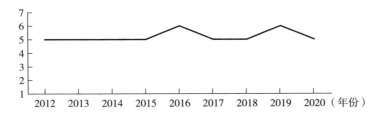

图 3-3   2012～2020 年川西区域交通与旅游耦合协调度等级

3.1.3   小结

总体来说，交通与旅游的耦合协调度处于 [0.5，0.6) 区间的一个较稳定的水平，协调等级维持在 5 级（濒临失调）水平上。这说明川西区域交通与旅游两大产业近年来虽然得到了长足发展，但在产业间的协调度还处在较低的水平，且这一情况多年来未能得到改善。一方面说明川西区域交旅融合仍处在起步阶段，多年来并未引起各方面足够的重视；另一方面说明川西区域的交旅融合蕴含着巨大的潜在机会，未来可望为产业发展提供新的契机。

3.2 川西"交通＋旅游"融合发展的典型案例I
——泸定大渡河大桥超级工程旅游景区项目

3.2.1 项目概况

如图3-4所示，泸定大渡河大桥超级工程旅游景区项目位于四川省甘孜州东南部泸定县卢桥镇，贡嘎山东坡，二郎山西麓，东与天全、荥经接壤，西与康定、九龙毗邻，南连石棉县，是进入川西区域的必经之地。大渡河大桥全长1411米，主跨1100米，索塔高376米，具备海拔高、索塔高、地震烈度高，以及风大、温差大和设计新、技术新的"高、大、新"特点。大渡河大桥项目获得发明专利6项、实用新型专利12项、四川省科学技术进步奖一等奖1项，同时，荣获世界桥梁界诺贝尔奖——"古斯塔夫·林登少"金奖，拓展旅游功能的区位和资源优势明显。

图3-4 泸定大渡河大桥

泸定大渡河大桥超级工程旅游景区项目依托大渡河大桥，在桥下设置了玻璃栈道(见图3-5)和蹦极项目。玻璃栈道主体采用钢桁梁结构，玻璃面板为超白双层钢化玻璃，以大桥中心向两侧延伸，栈道总长度为104米，宽为3.2米，面积为450平方米，是连接综合服务区和康养休闲区的步行通道，同时在上面布置了观景台和咖啡厅，将玻璃栈道与玻璃观景台完美结合。蹦极位于大桥中间点南侧，跳台距大渡河水面高度为239米，排名世界第三，仅次于坝陵河大桥蹦极(高度为370米)和美国皇家峡谷悬索桥蹦极(高度为321米)。

图3-5　泸定大渡河大桥玻璃栈道

泸定大渡河大桥超级工程旅游景区项目以大渡河大桥建设为契机，打造交旅融合发展新格局，是一个典型的超级工程旅游价值发掘项目，对推动当地全域旅游发展、助力乡村振兴具有先行示范意义，已成为泸定县申报天府旅游名县的重要支撑项目。该项目被列入2018～2019年四川省两厅一委(发改委、文旅厅、交通厅)《"交通+旅游"融合发展专项行动计划》重点示范项目，并得到交通部、省国资委、省决策咨询委员会、省文旅厅、州县政府等的充分肯定。项目建设工作从2020年9月开始启动，项目规划面积约2570亩①，划分为"一心一环四区"，分

---

①　1亩≈666.7平方米。

别为"服务接待中心""旅游观光环线""滨湖休闲度假区""大国工匠体验区""大桥极限运动区""山地户外运动区"。目前,包括悬空透明玻璃栈道、高空蹦极等与桥体有关的一期工程已经建成并投入试运营。

3.2.2 项目基本条件与发展思路

(1)项目具备的资源与条件

第一,自然环境与生态条件。项目规划区地处四川盆地到"世界屋脊"——清藏高原的过渡带上,受东南、西南季风和内陆高原冷空气双重影响,气候垂直差异明显,海拔1800米以下地区属亚热带季风气候,而在高原气候区则冬无严寒,夏无酷暑,冬季干燥温暖,如图3-6所示。迎风坡受风力侵害,形成了特色粗犷的风蚀土地景观资源;背风坡森林植被丰富,地形地貌特征丰富,孕育了森林、果园、田园等景观。

图3-6 项目规划区典型天气

规划区处于气候交汇带,植被垂直变化丰富。泸定县境内有野生哺乳类动物31科69种;鸟类43科167种;爬行类5科10种;两栖类3科4种。泸定县植被资源丰富,有分布于海拔1000~1650米地段的河谷云南松、灌丛植被带,分布于海拔1650~1950米地段的常绿阔叶林带，分布于海拔 1950～2300 米地段的常绿阔叶、落叶混交林带，分布于海拔 2300～2600 米地段的落叶阔叶林带，分布于海拔 2600～2900 米地段的针叶、落叶阔叶混交林带，分布于海拔 2400～3600 米地段的亚高山暗针叶林带，分布于海拔 3600～3800 米、3800～4500 米、4500 米以上地段的高山灌丛、暗针叶林疏林带、草甸及流石滩地带。

第二，历史文化资源。项目规划区多种文化交融，人文特色较为突出。人文旅游资源以大渡河大桥、历史文化资源、朴素的乡村观景资源为主。

红色历史人文资源。1935 年 5 月 29 日，中国工农红军在这里取得了"飞夺泸定桥"的伟大胜利，红军在此建立了康巴川西区域第一个"红色苏维埃政权"，存留有红军纪念碑、苏维埃政府旧址、泸定桥革命文物陈列馆、毛主席住宿旧址、朱德同志住宿旧址、红军飞夺泸定桥战前会址、岚安红军司令部旧址和众多标语、口号等遗址遗迹，泸定也因此成为革命历史名城，是全国青少年爱国主义教育基地之一。1950 年，中国人民解放军第十八军在进藏途中也经过泸定，留下了很多感人至深的故事。上述红色历史人文资源成为项目重要的资源禀赋，如图 3-7、图 3-8 所示。

图 3-7　川西公路馆中陈列的飞夺泸定桥雕塑作品

图3-8　大渡河大桥陈列馆展示的十八军进藏史料

贵琼文化资源。贵琼人原为古羌人遗裔，其先民先居邛雅一带。经过历史的变迁，一部分羌人迁居河谷地带，学会了耕田织布；而另一部分羌人不愿改变原来的生活方式，从邛雅迁往天全，再迁泸定岚安一带。贵琼部落是"特色文化产业走廊"上充满了神秘色彩的族群，独具风格特色，2004年被四川省文化厅评为"民间艺术（特色文化）之乡"。

茶马文化资源。泸定曾是四川五大茶市口岸之一，"茶马古道"厚重的历史文化贯穿整个泸定。泸定境内的茶马古道历来有大路、小路之分，大路主要是骡马驮运大宗货物的通道，最早开辟于汉代的大路为兴隆飞越岭—沈村—德威—摩岗岭—磨西—雅加埂；小路是清康熙四十五年（1706年）建成泸定铁索桥，打箭炉（康定）形成贸易中心之后，增添的一条分路，即兴隆—冷碛—泸定桥—烹坝—回马坪—冷竹关—黄草坪—大岗—头道水—柳杨—打箭炉。茶马古道是一条人文精神的超越之路，悠远的马铃声，石板上的马蹄，无数的马帮，串起众多民族和不同文化的交融。多少背包人一路艰险，来往于崇山峻岭，穿梭在深幽古道，茶马人穿行的声音留在石路上，刻下了深深的印痕。茶马人背出了路，也背出了历史，他们带来了茶，也带来了文化。

第三，区位条件。泸定大渡河大桥超级工程旅游景区项目位于环贡嘎生态旅游圈，是大香格里拉生态旅游圈和川西区域旅游线路的交会点，也是沿318国道景观廊道重要过境点，在观赏、体验、民俗文化、经济、美学等方面均具有极高价值。该项目位于进川西区域第一桥——大渡河大桥周边，是进川西区域的入口门户，依托211省道，连接318国道和雅康高速，对接伞岗坪立体交通枢纽，连接成渝攀西地区。立体交通网络不断完善，距主要客源地的车程减少，距雅安市、康定、乐山车程约1.5小时；距成都、西昌车程约2.5小时；距宜宾、自贡车程3~4小时，交通环境得到优化，使泸定走进大众视野成为可能。

（2）项目发展思路

立足服务功能。建设区域旅游服务中心，提供度假休闲、特色农家乐、主题民宿、乡村集市、汽车营地、栈桥咖啡、博物馆游览、运动康养、游客接待等多种服务功能。

突出运动休闲。以高空蹦极、玻璃栈道系列极限项目为牵引，以亲子游玩、星空露营、VR体验等类型项目为支撑，打造运动休闲旅游项目体系。

融合多种业态。通过生态、形态、文态和业态的"四态合一"，在生态上实现低碳循环，以修复为首、保护为主；在形态上引入大量文化艺术景观，使项目整体景观呈现鲜明特色，实现全有机空间；在文态上实现全文化覆盖，包括特色文化、红色文化、"两路精神"、茶马文化、极限运动文化等；在业态上发挥旅游活力，实现全产业链条。

3.2.3　建设过程

（1）动议与策规划、设计阶段

继《关于促进交通运输与旅游融合发展的若干意见》发布后，四川省陆续出台了一些配套文件，为开发超级工程旅游景区项目指明了方向。大桥的业主方是四川雅康高速公路有限责任公司(以下简称雅康公司),该公司系四川藏区高速公路有限责任公司(以下简称藏高公司)的子公司。该项目的前期策划、规划、设计、配套建设和运管工作,交给了四川天路印象旅游发展有限公司(以下简称天旅公司)。天旅公司成立于2017年9月,是省港投集团滨水城乡公司(以下简称滨水城乡公司)和藏高公司的合资子公司,滨水城乡公司控股60%。

在明确建设内容包括附着于桥体的玻璃栈道和蹦极等之后,就面临设计变更的问题。在双方股东单位的支持下,天旅公司与包括当地政府等各方进行了大量沟通工作,使项目取得实质性进展。

在这一阶段,雅康公司(桥梁业主方)、天旅公司和设计机构初步形成了既分工又协作的关系——在设计变更上,主要由雅康公司协调,公路设计院实施,天旅公司负责与旅游项目相关的策划规划设计内容,并积极配合设计变更工作,天旅公司和业主方形成了一些共同工作的机制。

(2)建设实施阶段

规划设计阶段的工作完成后即进入施工阶段。在施工阶段,由于玻璃栈道和蹦极附着于大渡河大桥工程项目,是个高空极限运动项目,对施工企业的要求非常高,需要国家、省州县各级政府的监管和支持。

在这一阶段,作为综合配套建设方的天旅公司与业主方和施工企业之间建立了比较顺畅的协作机制。

(3)运营管理阶段

2021年12月31日,项目进入试运营阶段后(项目上半年进入内部试运营),面临着一些这类项目特有的管理体制与机制方面的问题。同时,因其是大渡河大桥项目的一部分,故在建设阶段未涉及国土、环保等方面,但后续的配套开发将会涉及。

在这一阶段,作为运管方的天旅公司除了继续保持与业主方的密切协作,还要解决本地化运营管理问题。其中,如何形成与交旅融合特点相适应的运管模式，如何依托本地资源开展运营并从中获利，进而更好地服务于当地社会经济发展，逐渐成为新的课题。

3.2.4 启示

(1) 多方共创的良好环境，是交旅融合项目成功的前提

交旅融合项目，往往涉及多个主体间的复杂行为。以泸定大渡河大桥超级工程旅游景区项目为例，在政府管制层面，涉及国土资源、自然环境、发展与改革、应急管理等主管部门，以及旅游、交通运输、航运等主管部门，还可能涉及在地居民与社区；在企业经营层面，涉及交通与旅游两大行业的建设与运营企业、设计机构以及投融资机构和施工企业等；在消费与传播层面，涉及游客、媒体及其他利益相关者。在不同的阶段，这些主体之间的关系可能呈现不同的特征，如在设计阶段，通过业主方影响设计机构是需要解决的主要问题；在建设阶段，必须建立与业主和施工企业的良好协作关系；在运管阶段，政府、市场和地企关系则上升到主要位置。只有通过多方合作，创造良好的外部环境，才是交旅融合项目成功的前提。

(2) 各相关方的协调，是交旅融合项目建设的关键

在交旅融合项目中，各相关方的协调效率，会直接影响项目的可行性、成本与建设周期，从而决定项目的成败。在该项目中，如果离开各方共同推动，设计变更就无法完成，整个项目便无从谈起。多方协调的核心，是解决各相关方参与的动力问题，这是交旅融合项目建设的关键。需要明确各方的利益诉求，建立一个相对正式的协调机制，寻找能够为各方所接受的解决办法。

(3) 促进早期融合，是交旅融合项目实施的重要保障

该项目的实践表明，融合行为发生得越早，越有利于项目的顺利实施。如果能在大渡河大桥的建设前期进行统一规划，将交旅融合纳

入大桥设计，做到交通、旅游规划一盘棋，将极大地降低后期旅游开发的难度，减少时间成本和经济成本。为此，应该从产业规范层面进行谋划，为早期融合提供机制上的保证。要做到在交通项目规划初期就应考量交通项目的旅游价值，考虑旅游的实际需求，关注承载旅游功能的配套设施和服务设计，同时科学规划建设时序，为今后的旅游项目留下接口。

(4)适宜的运管模式，是交旅融合项目可持续发展的必需

为了保障可持续发展，不仅要建设好，更要运营好交旅融合项目。从该项目的经验来看，交旅融合项目往往远离中心城市，处在多方关注的焦点，面临新的情况与问题，对运管团队复合能力要求较高，亟须有别于传统交通或旅游项目的运管模式支撑。这方面的探索刚刚开始，认识还非常粗浅，还有大量工作有待政府、学术界和产业界共同完成。

3.3 川西"交通+旅游"融合发展的典型案例Ⅱ
——雅康高速公路天全服务区项目

3.3.1 项目概况

雅康高速公路天全服务区位于雅康高速雅安段，日均断面流量1.2万辆，紧靠国家级旅游风景大道318线和天全竹海鱼乡等景区，是国家级自驾线路的门户，更是进入川西旅游环线、稻城香格里拉旅游线路的咽喉，具备突出的旅游属性及旅游流量导入能力。天全服务区是全国首个"双主题"认证服务区，即全国首个"大熊猫主题文化服务区"和"全国高速公路旅游主题服务区"，被业界公认"代表了国内服务区最新的高度、最新的水平"，得到各级领导的肯定，彰显了"天府三九大、

安逸走四川"的独特魅力,行业龙头认可度、社会知名度、群众美誉度高。天全服务区于 2020 年完成二期提升改造,同年在四川省高速公路服务区星级再评定中被评为"五星级服务区",2021 年 4 月 27 日被中国公路学会、大熊猫国家公园四川省管理局联合命名为"全国大熊猫主题文化服务区",2021 年 10 月 14 日被中国高速公路学会评选为全国高速公路旅游主题服务区,2022 年被雅安市评为"金熊猫"旅游购物场所。

3.3.2　项目优势

（1）区位与资源优势

天全服务区紧靠国家级旅游风景大道 318 线,地处大熊猫生态文化旅游线和大渡河—阳光果乡红色旅游带。天全服务区紧邻四川野生大熊猫发源地,周边有贡嘎山、喇叭河、二郎山、海螺沟冰川森林公园等大量知名景区,旅游资源丰富。服务区所在的雅康高速雅安段属于川藏公路的一部分,"两路精神"由此发源,丰富的历史文化资源吸引了大量的游客。

（2）规划运营能力优势

雅康高速公路天全服务区由四川蜀道高速公路服务区经营管理有限公司建设运营,该公司作为专业的服务区经营管理企业,规划运营经验丰富,能力突出。该公司在服务区项目规划方面拥有卓越的综合规划能力,对客户需求、交通流量和川西区域发展趋势有比较深刻的认识,能够有效规划服务区的位置、规模和功能,并通过科学的数据分析和细致的市场研究,确保服务区规划与实际需求相符合。该公司关注先进技术的应用,注重投资并引进最先进的设施与设备,以提供高水平的服务区体验,如自动化支付系统、智能停车管理和环境监测设备等,提高了效率、便利性和安全性。该公司在服务区运营方面有能力采用多样化的服务与商业模式，除了提供传统的餐饮、加油和卫生间等基础设施，还提供了多种增值服务，如精品商店、休闲娱乐设施和电动汽车充电站等。这种多样化的经营理念能够满足不同人群的需求，提升服务区的吸引力和竞争力。该企业注重环境保护与可持续发展。在天全服务区项目规划阶段，就考虑生态保护、能源利用和废物处理等因素，采取措施减少对环境的负面影响，同时积极推动可再生能源的应用和绿色建筑标准的实施，以建设符合可持续发展要求的高速公路服务区。该企业具备高效运营管理的能力，注重流程优化、人才培养和信息技术的应用，以提高服务区的运营效率和服务质量。通过建立科学的管理体系和有效的监控措施，能够及时发现问题并进行调整，确保服务区的稳定运行和持续改进。

3.3.3 项目建设与运营特点

(1) 主题鲜明

天全服务区主题特色突出，全面融合大熊猫发源地特色文化和G318、川西旅游环线等国家级自驾线路品牌及旅游元素，打造"熊猫家园"和"G318公路文化"两大主题IP，在设计元素、业态设置、场景营造上充分突出主题特色，内外场设置熊猫艺术装置、打卡雕塑、公路精神堡垒、互动游乐设备、主题地绘以及融合熊猫元素的"318此生必驾"导视牌等，创意新颖、主题鲜明。同时，服务区专门设置了蜀道集团川藏公路馆与四川摄影家协会联合打造的318川藏线美景摄影展，涵盖了云海、雪山等自然风光和地区特色文化，进一步彰显了服务区交旅融合的特色。

(2) 业态丰富

天全服务区在运营中注重丰富经营业态，结合旅游客群特征，布局中式特色美食、西式快餐、咖啡茶饮、宠物乐园、文创潮品、房车营地、帐篷营地、展销平台等 20 余种业态，为旅客的吃、购、娱、憩、游提供高品质、多样化的选择和体验，深度满足人们出行的新需求。同时，服务区积极融入乡村振兴，创新开展"服务区+乡村振兴"，设置了脱贫地区特色农产品展示展销专柜。

（3）品牌赋能

天全服务区初步实现了品牌类型多元化，引入肯德基、猫屎咖啡、探路者、壳牌 V-Power 旗舰加油站等国际国内一线品牌，根雕、砂器、椒麻鸡、棒槌土豆等地方特色品牌以及熊猫出发、318 文创馆等文化创意品牌，全方位升级消费体验，树立四川高速公路服务区品牌新标杆。

（4）长远规划与可持续发展

天全服务区的建设与运营，是在系统的长期规划指导下开展的。下一步，蜀道服务区公司将加快推进天全服务区 A 区三期拓展与 B 区提升改造，紧紧围绕"交通+旅游"理念，抢抓路衍经济发展新机遇，以品质服务、优质设计、高质运营为抓手，深度结合交旅文农融合、乡村振兴等行业利好因素，对接新时期出行群体消费诉求，与天全县全域旅游规划内外联动，将在三期拓展区布局区域旅游集散中心、移动旅居住宿区、越野公园等业态，开发休闲、研学、户外培训等项目，升级旅游、休闲、亲子体验，并联动喇叭河停车区探索四川省首批客货分流试点，打造为川藏自驾大本营，实现从"经停区"到"目的地"的转变，提升天全服务区引领带动作用，助力地方经济发展，助力川西区域交旅融合产业高质量发展。

3.3.4　启示

在交旅融合背景下，基于不同的地形地貌、旅游资源、设计理念等因素，各服务区的建设在保证为来往的司机、乘客提供住宿、停车、餐饮等基本服务的情况下，又具有各自的特点。天全服务区项目建设运营的经验提示我们，在人文自然景观丰富、旅游资源多样化程度高的川西区域进行特色服务区建设，要发挥区域资源优势，坚持策划规划先行，关注绿色环保，在明确服务区主题定位、核心资源的基础上，确定策划规划思路、功能承载和呈现方式。

（1）充分发挥当地资源优势，强化"快进慢游"的功能

目前，在我国 6600 余个高速公路服务区中，川西高速公路服务区因其独特的文化内涵和多样的自然景观脱颖而出，具有特殊性、不可替代性，有较大的发展空间。未来，川西高速公路服务区应充分发掘资源潜力，积极发展文化体验、特色民宿、特色美食、特色服装等业态，并进一步完善基础设施，在满足出行需求的基础上，使游客停得下、留得住、有意愿消费，进一步强化"快进慢游"的功能。

（2）注重策划规划先行，凸显旅游价值

未来，服务区建设将越来越重视主题差异化与特色发展，策划的重要性将日益凸显。为此，必须处理好策划与规划的关系，注重策划先行。通过策划，确定服务区的核心资源、市场定位与个性特色，在此基础上，通过规划的过程，将其充分呈现，最终形成建设方案。

在交旅融合的背景下，服务区建设的全过程应面向旅游开发，体现旅游价值。在规划设计阶段，必须充分考虑旅游开发的需求，不仅要为旅游服务、商贸服务、物流集散、休闲游乐等功能划定区域，还要未雨绸缪，充分考虑旅游业态二次开发的可能性，如果不提前预留空间，旅游设施二次开发极有可能因融资、多方协调等原因迟迟不能落地，最终导致留有遗憾。在建设阶段，要同步进行旅游产品打造。在选址时应尽量靠近周边自然人文优质资源，缩短服务区与已建成著名景区（或有潜质的未来呈现的高品质景区）的距离，有效降低游客往返景区的各项成本，并提供衣、食、住、行一条龙服务，无缝衔接游客出行需求。

（3）关注绿色环保，建设生态服务区

2017 年，交通运输部发布的《关于全面深入推进绿色交通发展的意见》从绿色交通基础设施示范工程、交通基础设施生态修复项目、公路边坡植被防护、生态功能与景观品质、生态廊道与国家旅游风景道建设等方面提出了详细的发展规划，强调在人与自然和谐共生的同时促进交旅融合。川西区域拥有丰富的自然资源，景色秀丽，适合发展生态旅游。同时，发展生态旅游也是合理开发与利用区域自然资源的有效途径，能够促进当地旅游业与经济的快速发展。因此，应当在服务区规划、建设、运营阶段紧扣可持续发展观，将服务区与自然景观结合，致力打造一个集观景、住宿、饮食、娱乐、购物于一体的生态服务区。最终，推动服务区从传统模式向生态旅游模式转型。

3.4 川西"交通+旅游"融合发展的前景与存在的问题

3.4.1 趋势与前景

基于上文的研究结果，结合《全域旅游意见》与川西的发展现状，不难总结出川西"交通+旅游"融合发展将呈现以下趋势。

（1）产业融合深度化

当下，正值川西区域交通与旅游产业转型升级的关键时期，为提升产业融合发展水平，保障产业间的互惠共生、协同演进，促进产业链的不断完善，川西区域交旅融合的深度与广度将逐步提升。未来，两大产业将从业务渗透、资源整合、市场协同、人才培育、信息共享、机制协调等方面入手，努力突破行业壁垒，加强产业整合与产业协调，持续推进产业融合深度发展。最终，消除产业发展不均、失衡的现象，形成上下游完善、涵盖面广阔的旅游交通产业链，提升交通与旅游产业市场竞争力，向人民群众源源不断地提供高质量旅游产品和出行服务，如图3-9所示。

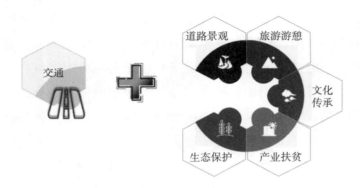

图3-9 两大产业深度融合的实现方式

(2)旅游产品多样化

近年来，随着"交通+旅游"融合发展的不断深入，路衍经济新产物——交通旅游产品将变得更加丰富。

川西区域拥有丰富的自然资源和人文底蕴，是高质量现代化旅游产品的"摇篮"。随着交通技术、出行理念的不断更新，将川西区域丰富的旅游资源、业态以及运营经验与通道枢纽、附属设施、运载工具相结合，打造出精品旅游线路、旅游风景道、铁路遗产、VR观光、低空飞行、蹦极、观光火车、自驾车露营等新兴旅游产品是大势所趋，如雅康高速公路天全服务区游览步道（见图3-10）、雅康高速公路天全服务区外观夜景（见图3-11）。同时，随着交通设施传统功能的迭代升级，大型交通工程、主题服务区、智慧化基础设施等具有复合功能的项目将逐渐落地，"快进"将逐步转变为"慢游"，旅游产品的高质量、多种类发展将拥有更为坚实的基础。

图 3-10　雅康高速公路天全服务区游览步道

图 3-11　雅康高速公路天全服务区外观夜景

（3）交旅融合全域化

《全域旅游意见》指出，为最大限度满足大众旅游时代人民群众的消费需求，需要从封闭的旅游自循环向开放的"旅游+"转变。这意味着，未来的交通产业将从高速公路网络、交通标识、游客集散中心、自驾车露营地、旅游风景道等方面与旅游产业通力合作，构建通达便捷的交通网络，如雅康高速公路天全服务区熊猫主题标识牌（见图 3-12）、雅康高速公路天全服务区帐篷营地（见图 3-13）、雅康高速公路天全服务区自驾俱乐部(见图3-14);旅游产业将大力推进治理规范化、供给品质化、参与全民化等目标。两大产业双管齐下,以规划布局、公共服务、综合管理、整体营销为抓手,将川西区域的交通与旅游资源紧密串联,完善交通体系的旅游功能,打造完整的旅游目的地,共同推动交旅融合全域化发展。

图3-12 雅康高速公路天全服务区熊猫主题标识牌

图3-13 雅康高速公路天全服务区帐篷营地

图 3-14　雅康高速公路天全服务区自驾俱乐部

(4) 生态旅游普及化

川西区域生态资源丰富，自然景观秀丽，是游客神往的目的地，适合发展生态旅游。同时，发展生态旅游也是合理开发与利用区域自然资源的有效途径，能够促进当地旅游业与经济的快速发展。但是，由于项目投融资、策划规划、运营管理、基础设施建设等原因，当前川西区域生态旅游的版图尚未完全铺开。未来，随着生态技术、新能源技术以及绿色旅游消费观念的不断普及，运输结构优化工程、绿色出行促进工程、基础设施生态保护工程将逐渐落地成型，生态廊道、生态景区、国家旅游风景道等生态旅游项目将呈现不断增长的态势，传统的旅游模式也会向生态旅游模式逐渐转型。最终，实现川西区域生态旅游普及化发展。

3.4.2　存在的问题

近年来，川西区域在推进"交通+旅游"融合发展、进一步挖掘交旅市场发展潜力方面取得了明显的成效，涌现出了天全服务区、泸定大渡河大桥超级工程旅游景区等代表性项目，但目前的发展水平与实现更高层次、更高水平的融合发展还有一定的差距,具体表现在项目投融资、策划规划、工程建设以及运营管理四个方面。

(1) 项目投融资

创新项目投融资模式,稳步提升投资回报,是推动川西区域交通运输和旅游产业高质量融合发展的源动力。但是,出于多种原因,川西区域交旅融合在项目投融资方面暴露出了投资渠道少,融资障碍多;投资金额高,回报周期长;养护成本高,收益不稳定;等等问题。

川西区域"交通+旅游"融合发展尚处于探索阶段,项目投融资渠道较为单一,能够参与进来的主体相对较少;川西区域虽然拥有丰富的自然景观和人文底蕴,适合发展旅游交通,但受制于频发的自然灾害和复杂的地形地貌,交通基础设施和旅游景点的建设与维护过程都将耗费大量的人力、物力、财力;由于缺少丰富的旅游产品和完善的服务功能,游客滞留川西区域的时间通常较短,大多数景点和高速公路仅靠收取门票、过路费难以收回成本;受旅游行业特有的淡季、旺季以及公共卫生事件的影响,已建项目难以保持稳定的收益。

(2) 策划规划

注重策划规划先行,促进早期融合,是交旅融合项目顺利落地的重要保障。川西"交通+旅游"融合发展在策划规划方面主要存在三个问题。

第一,策划规划不够全面,导致隐性成本偏高。以泸定大渡河大桥超级工程旅游景区项目为例,在项目规划初期没有充分考虑交通项目的旅游价值,即交旅融合后续开发需求,没有为旅游项目预留接口,导致项目建成后的二次开发面临难度大、周期长、成本高、协调难等问题。这提示我们:在策划规划阶段,必须充分考虑旅游开发的需求,不仅要为旅游服务、商贸服务、物流集散、休闲游乐等功能划定区域,还应未雨绸缪,充分考虑旅游业态二次开发的可能性。如果不提前预留接口,旅游设施二次开发极有可能因融资、多方协调等而迟迟不能落地,各项隐性成本也会增加。

第二,全域布局有待提升。现阶段,川西区域交旅融合发展没有进行全域性的规划布局,主要表现包括:自然景观、人文历史等优质旅游资源开发率低;成型落地的旅游景点、服务区、观景平台、自驾游营地分布较散,彼此没有形成有效连接;没有形成完善的全域交通网络,旅游产业发展格局并未完全铺开;路网整体服务功能单一,基础配套设施总体覆盖率偏低。旅游交通产业链不够完善,旅游产品如生态廊道、国家旅游风景道、精品旅游线路数量偏少且种类单一,生态旅游、康养旅游、民俗旅游、低空旅游、轨道列车、观光巴士等新型旅游方式尚未开发完毕,运输过程与旅游过程相对独立,"途旅分离"距"途旅一体"还有较大差距,导致川西区域游客留存率较低,"快进慢游"难以实现。

(3)工程建设

"交通+旅游"融合发展的定义决定了涉旅工程的价值与发展潜力。目前,川西区域交旅融合工程项目在施工建设方面反映出了若干问题。

第一,高质量涉旅工程较少。首先,重大涉旅项目往往配备多种休闲娱乐设施,考虑到其技术需求和川西区域较为特殊的气候条件,施工难度往往偏高。其次,建设过程涉及多个主体,多方协调具有难度。因此,涉旅工程的顺利落地必将面临重重障碍,高质量涉旅项目数量持续走低,无法形成规模效应,难以拉动产业转型升级。

第二,基础设施不完善。当前,川西区域的旅游交通基础设施建设较为落后,主要体现在交通运输、旅游服务、通信网络三个方面。受制于不完备的基础设施,川西区域交通运输对于旅游经济快速发展的支撑作用略显不足,交通与旅游产业市场竞争力难以提升。

第三,协调机制不明确。工程项目的策划规划、建设实施、运营管理阶段均涉及多个参与主体,其利益诉求不尽相同。大多数涉旅项目在建设过程中缺少明确的协调机制,导致各相关方沟通合作效率偏低,影响项目成本、建设周期以及项目质量。

（4）运营管理

与文旅融合、农旅融合一样，川西区域交旅融合在运营管理方面也面临着一些特有的问题。

首先，由于"交通+旅游"融合发展属于产业融合方面的前沿课题，社会各界还未形成适配川西区域"交通+旅游"融合发展特点的综合运营管理模式，大多数川西区域交旅融合项目在开展试运营或正式运营后面临客流量不稳定、资源调度不顺利等问题，经济效益并不明显，发展进程较为缓慢。

其次，旅游公路宣传不到位，资源统筹能力有待提升。旅游公路及沿线景点景观的营造，不仅承载着旅游产品宣传推广的功能，更体现了游客在行车过程中对旅游公路整体形象的直观感受，如雅康高速公路天全服务区指示牌（见图3-15）。由于缺少对雅康高速、汶马高速、泸石高速等沿线区域内旅游资源和人文内涵的统一挖掘和管理，旅游公路难以实现差异化提升，导致游客无法轻松识别旅游公路特质，难以留下深刻的印象。

图3-15　雅康高速公路天全服务区指示牌

4

推动川西高速公路"交通+旅游"
融合发展的策略研究

4.1 策略框架

在指导思想上，要从线路、服务区、基础设施和沿线旅游产品等方面促进川西区域高速公路与景观景区实现全方位、全要素的相互交融。

在线路建设方面，推动川西区域高速公路从快进通道向慢游目的地转化，实现"路即是景"。在建设川西区域高速公路时，应注重提升道路的景观价值，使其成为旅游目的地而不仅仅是交通通道。这种转变需要在规划、设计、建设和管理等各个环节制定有针对性的措施。在规划阶段，需要考虑如何最大限度地减少对自然环境的破坏，并将道路与周围的山川、河流、湖泊、草原等自然景观融为一体，创造出旅游价值更高的景观廊道。在设计阶段，应该根据区域文化和特色，将道路设计成具有民族特色、生态特色和旅游特色的景观道路，让游客可以在行进中既能享受到自然风光，也能感受到川西区域民族文化的魅力。在建设阶段，要注重保护生态环境和文化遗产，采用绿色建材和节能技术，降低对环境的影响，确保道路安全性和可持续性。在管理阶段，要加强景观道路的维护和管理，定期进行绿植修剪、垃圾清理等工作，提高游客体验感和整个川西区域旅游形象。

在服务区建设方面，推动川西高速公路服务区从过境地成为县域综合平台，实现功能转化。在推动川西高速公路"交通+旅游"融合发展的过程中，服务区的建设起着至关重要的作用。传统的服务区仅仅是过境地，只为行车中的驾乘人员提供简单的餐饮、休息、加油等基础服务，无法满足游客的其他需求。因此，需要推动川西高速公路服务区从过境地向县域综合平台转化。在建设方面，服务区需要具备更加丰富的功能。除了基础服务，还要提供旅游信息咨询、文化展示、特色产品销售等旅游相关服务。服务区的建设需要与当地政府、企业合作，共同发挥各自的优势，形成资源共享、互惠共赢的局面。

在基础设施建设方面，推动川西高速公路基础设施从"功能型"向"功能+体验型"转化。在保证基础设施的安全、功能和便捷性的前提下，注重提升游客体验和文化传承，通过优化景观、提供便利服务和增加文化体验，让游客在行进中得到更多的享受。在景观建设方面，应该注重保护自然生态环境，加强植被覆盖和水土保持措施，完善道路两侧的景观带和休息区，打造具有地域特色的文化景观。在服务设施方面，要提供更为便捷、舒适的服务，让游客在沿途感受到优质的服务。在文化体验方面，要通过展示当地的历史文化、民族风情和传统技艺，让游客深入了解和体验当地的文化魅力，使游客在旅游过程中得到更丰富的文化体验。

在沿线旅游产品方面，打造立体化旅游产品，推动川西高速公路沿线旅游产品从"点线状"布局向"立体化"布局转化。传统上，川西高速公路沿线的旅游产品布局比较单一，通常只有少数几个景点或者线路可供选择，这种"点线状"布局已经不能满足游客的多元化需求，推动从"点线状"到"立体化"旅游产品的转变是很必要的。在旅游产品的类型方面，需要增加自驾车、房车营地、水上旅游、低空旅游等不同形式的旅游产品，以满足不同游客的需求，并促进各种旅游产品之间的互动和协调。在旅游产品的设计上，需要注重满足游客对于更深入、全面了解川西区域文化和历史的需求，通过开发具有特色的旅游线路和项目，加强当地特色文化和旅游资源的挖掘和利用。在相关服务方面，需要提升服务质量和水平，满足游客的需求，提升旅游产品品质和体验。

实施包括"六项提升、六个打造、两处发掘、一类产品"的"6621"策略框架。其中："六项提升"是指川西高速公路在基础设施、道路景观、旅游产品、服务品质、文化体验和宣传推广六个方面的综合提升，"六个打造"是指把川西高速公路服务区从单纯的过境地打造成集乡村振兴示范点、新能源利用示范点、物流配套基地、旅游集散中心、牧民居住生活区域和未来新县城极核六大角色于一身的县域综合平台，"两处发掘"是指特别注重发掘川西高速公路相关重大工程和沿线废弃辅助设施的旅游价值，"一类产品"是指设计开发自驾车、房车营地、水上旅游、低空旅游等立体化的旅游产品。

4.2 推动川西高速公路从"快进"通道向"慢游"目的地转化

4.2.1 意义

从高速公路业主的角度来看，推动川西高速公路从"快进"通道向"慢游"目的地转化。首先，有利于吸引更多的游客前来旅游，增加公路使用率和收入。通过整合沿线旅游资源，使高速公路本身不仅是连接各个景点的通道，还是贯穿一系列景点的目的地，可以吸引更多的游客前来旅游，并且延长其停留时间，有助于促进消费，增加收入。其次，有利于提升旅游业务的形象和品质。在交旅融合的大背景下，介入旅游业务是高速公路业主单位的一项可选战略，将高速公路打造成"慢游"目的地，使交通和旅游产品合二为一，对开展旅游业务是有利的。最后，促进当地经济发展，更好地服务于当地。通过建设慢游目的地，可以促进当地旅游、餐饮、住宿等相关产业的发展，产生多重经济效益。

从政府的视角来看，推动川西高速公路从"快进"通道向"慢游"目的地转化对当地的经济社会发展意义深远。首先，有利于促进旅游业发展。将高速公路打造成"慢游"目的地，可以吸引更多游客前来旅游，带动当地旅游业的发展，增加就业机会和税收收入。其次，有利于推进乡村振兴战略。通过建设"慢游"目的地，可以促进当地乡村经济发展，改善当地居民生活条件，推进乡村振兴战略。最后，有利于提升区域形象。将高速公路建设成"慢游"目的地，有利于提升区域形象，扩大区域影响力，吸引更多的投资和资源。

4.2.2 从"快进"通道向"慢游"目的地转化的"六项提升"

为了实现川西高速公路从"快进"通道向"慢游"目的地的转化，必须将川西高速公路、包括沿线旅游资源和道路景观在内的旅游资源、配套设施三者充分融合，进一步完善川西区域的旅游基础设施，提高道路运营水平和服务质量，使川西高速公路更适应"慢游"目的地的发展需求，争取再打造出几条318国道那样的景观大道。为此，从高速公路自身建设入手，更好地整合沿线资源，提出涵盖基础设施、道路景观、旅游产品、服务品质、文化体验和宣传推广的"六项提升"策略框架。

（1）提升基础设施质量

采取措施进一步围绕高速公路提升基础设施质量，提高便利性，延长游客停留时间。具体做法包括：开展智能化建设，通过智能停车场、充电桩、无人机巡检等技术手段，提高公路运营效率和服务质量，增强主动感知的能力；打造休息区，在高速公路沿线适当位置建设休息区，为旅客提供吃饭、休息等基本服务，并可增设信息展示牌和导游图，方便游客了解当地文化和风俗；在沿线打造具有民族特色的小型观光景点，结合沿线旅游资源的开发，在高速公路两侧设置有特色的小型观景平台等观光景点，有条件的地方还可以增设停车场、餐饮、住宿等配套设施，以吸引更多的游客停车观光。

（2）提升道路景观

打造独特的川西区域公路景观，吸引游客停留。在公路沿线设置标志，引导游客参观代表性建筑、文化景点、自然风光等；将高速公路两侧的道路景观打造成具有川西区域特色的景观，可以在路边种植当地特色植物、修建石头小路、布置传统风格的照明灯等；加大对高速公路周边生态环境的保护力度，保持公路周边环境整洁美观，为游客创造良好的旅游氛围；通过建设景观带等方式，促进川西区域高速公路的美化工作，创造和保护良好的公路环境。

（3）提升旅游产品供给水平

利用高速公路周边的自然景观和人文资源，打造多样化的旅游线路和旅游产品，如自驾游、徒步旅行、摄影、骑行等；推广创新旅游产品，通过开发新的旅游项目和套餐，如自驾车露营、徒步骑行、民俗文化体验等，为游客提供多样化的旅游选择。

（4）提升服务品质

加强旅游服务中心建设，向游客提供更加优质的路况信息、旅游咨询、住宿预订等服务。发挥卫星导航优势，通过卫星导航技术，提供游客精准定位、导航和推荐附近景点等信息，为游客提供更便捷的旅游体验。基于旅游大数据提供更具个性化的线路设计和导游服务等，为游客构建完整的旅游服务体系。

（5）提升文化体验

依托服务区等场地资源，引进特色文旅项目，举办文化分享、民俗活动和文化节庆等活动，让游客亲身感受到特色文化的魅力。以高速公路为纽带,整合周边的文化资源,如寺庙、博物馆等,为游客提供更深入的文化体验,吸引更多游客在高速公路沿线旅游。

(6)提升宣传推广力度

政府和高速公路业主要形成合力,打造川西高速公路沿线旅游品牌,并加大宣传力度,推广品牌形象,提高其知名度和美誉度。业主要精心选择适合的线路进行试点,推出特色品牌,政府可以采取多种方式,如对外推介、媒体宣传、官方网站建设等,借助网络和传媒渠道将具备条件的川西高速公路线路作为旅游目的地的知名度和美誉度推向更高水平,从而吸引更多的游客。

4.3 推动川西高速公路服务区功能转化,从过境地成为县域综合平台

随着川西高速公路建设的深入推进,服务区的数量越来越多,分布越来越广泛,为了整合服务区资源,使其在川西经济社会发展中发挥更大的作用,有必要推动服务区功能的"六个打造",使川西高速公路服务区从过境地向集乡村振兴示范点、新能源利用示范点、物流配套基地、旅游集散中心、牧民居住生活区域和未来新县城极核于一身的县域综合平台转化。随着科技的进步和应用,数字化、信息化和智能化的技术得到了广泛的应用,这为川西高速公路服务区向县域综合平台转化提供了技术支撑。推动川西高速公路服务区从过境地向县域综合平台转化,对于政府和高速公路业主而言,都具有深远的意义。

从政府主管部门的视角来看,这种转化有助于加强对川西区域旅游资源的整合,将高速公路服务区打造成县域综合平台,可以将更多的旅游资源整合到一起,帮助游客更好地了解当地文化、历史和人情;

有助于推广川西区域文化，通过服务区的建设，可以展示川西区域独特的地理环境、生态景观和民族文化，提升游客对川西区域文化的认知度和了解度；有助于促进经济发展，将高速公路服务区打造成县域综合平台，可以通过旅游产业带动多种产业发展，吸引更多的投资和资源；有助于提高服务质量，通过提供更加全面优质的旅游服务，如住宿、餐饮、购物、娱乐等，能够提升游客的满意度和体验感，提升川西区域旅游品牌形象；有助于创造工作机会，县域综合平台需要员工参与运营管理，能够为居民提供更多的就业机会，加强社会稳定；有助于引导游客合理消费，主管部门可以通过价格监管、标准化服务、环保措施等方式，引导和规范服务区内的旅游消费，促进游客合理消费。

从高速公路业主的视角来看，这种转化有助于提升服务区附加值，通过打造县域综合平台，可以将服务区的功能扩展到餐饮、购物、娱乐等方面，提高服务区的附加值和盈利能力；有助于增加客源和游客停留时间，将服务区打造成县域综合平台，能够将更多的旅游资源整合到一起，增加游客前来旅游的动力和停留时间，增加服务区客流量；有助于营造品牌形象，通过提供优质的旅游服务和文化体验，能够提升服务区的品牌形象和影响力，吸引更多游客前来消费；有助于提升基础建设和服务品质，将服务区打造成县域综合平台，使停车场、公共卫生间、无障碍设施等基础设施得到进一步完善，并提升服务区的服务水平和满意度；有助于降本增效，通过将服务区打造成县域综合平台，可引入多种经营模式和业态，降低服务区运营成本，提高经济效益。

4.3.1　将服务区打造成乡村振兴示范点

2020年10月，党的十九届五中全会首次提出"实施乡村建设行动"。2021年的中央"一号文件"指出，要求全面推进乡村振兴作为中华民族伟大复兴的一项重大任务，要求加快推进村庄规划工作，加强乡村公共基础设施建设，实施农村人居环境整治提升五年行动，提升农村基本公共服务水平。在这一大背景下，川西区域高速公路服务区作为县域重要的对外展示点位，成为展示乡村振兴成就，深化乡村建设的窗口。

将川西高速公路服务区打造成乡村振兴示范点，可以采取一系列举措，例如，提升农产品价值，在服务区内开设农特产品展销中心，展示当地特色产品，并提供相应的物流及金融服务，提高农产品的附加值；拓展农村电商市场，利用互联网技术等手段，依托服务区的场地资源建立农村电商平台，让当地农产品走进城市，增加农民收入，助力乡村振兴；推广文化旅游，将服务区打造成融合川西区域特色民俗文化、自然景观和生态农业的文化旅游综合平台，提供游客文化交流和体验的场所；建设展示平台，在服务区建设展厅、长廊等，展示当地乡村振兴成就，并注意引进高品质住宿餐饮资源，在服务区建设高品质的住宿、餐饮和娱乐设施，提供更加优质的服务，吸引更多游客停留；加强环保措施。在服务区内加强环保设施建设，如垃圾分类处理、水资源利用等，推广绿色生产方式，提高服务区的环境质量，使其与川西区域的绿水青山相得益彰。

4.3.2 将服务区打造成新能源利用示范点

川西高速公路服务区作为交通基础设施的重要组成部分，其建设和运营需要适应新能源的发展趋势，将川西高速公路服务区打造成新能源利用示范点，不仅有助于推动新能源技术在交通领域的应用和推广，也有助于提升川西的能源结构调整和可持续发展能力。

在这方面可以采取的措施包括建设光伏发电站，川西区域的日照充足，在服务区内建设光伏发电站，利用太阳能资源为服务区提供清洁能源，减少对传统能源的依赖；推广新能源汽车充电服务，在服务区内加建新能源汽车充电桩，满足游客和当地居民的新能源汽车充电需求；开展节能宣传教育、推广绿色出行理念，在服务区内开展节能环保宣传教育活动，加强游客和员工的节能意识，推广低碳生活方式，并积极宣传绿色出行理念，如公共交通、自行车等低碳出行方式，引导游客选择环保出行方式；实施能源管理、优化能源利用结构，在服务区内优化能源利用结构，推广利用新技术、新材料和新能源替代传统能源，同时通过加强能源管理，实现能源的高效利用和节约，提高能源利用效率，要注重利用新技术手段，如物联网、云计算等，建设智慧服务区，实现对能源使用情况的监测、调控和管理，提高能源利用的智能化水平。

4.3.3 将服务区打造成物流配套基地

川西高速公路服务区是川西区域交通基础设施的重要组成部分，也是连接各地的重要枢纽。随着川西区域经济的不断发展和交通网络的不断完善，物流业在川西也呈现快速增长的趋势。因此，将川西高速公路服务区打造成物流配套基地，既是适应川西区域经济发展需要的重要举措，也是提升川西物流业发展水平和服务质量的重要手段。

可考虑采取以下具体举措：建设物流配送中心，在服务区内建设物流配送中心，提供货运、物流配送、仓储等服务，为县域经济发展提供物流保障；发展电商物流，在服务区内引入电商物流业务，打通线上与线下的交易渠道，推广和销售当地特色产品；建立供应链体系，在服务区内建立供应链体系，实现货源与销售的有效衔接，提高货物的流通效率和价值；提供通关服务，在有条件的服务区内提供通关服务，为进出口货物提供便捷的通关手续，促进跨境贸易；加强交通运输服务，在服务区内加强交通运输服务，提供汽车维修、保养、加油等服务，保障货物和人员交通畅通；推广绿色物流，在服务区内积极推广绿色物流理念，鼓励使用可再生能源和低碳交通方式，降低物流环节的能源消耗和碳排放；引入智能物流技术，在服务区内引入物联网、云计算等新技术，提高物流配送效率和服务质量，实现物流信息化和智能化；加强安全管理，在服务区内加强仓储、运输、通关等环节的安全管理，保障货物安全，确保服务区物流配套基地的稳定运营。

4.3.4 将服务区打造成旅游集散中心

旅游交通服务是川西区域高速公路服务区的基本功能。川西以独特的自然风光和丰富的文化历史而闻名，吸引了大量的游客前来游览。为了更好地服务于川西区域旅游业的发展，将川西高速公路服务区打造成旅游集散中心是必不可少的举措。

要通过服务区功能转化，将川西高速公路服务区打造成旅游集散中心的措施包括：设立旅游信息咨询中心，在服务区内设立旅游信息咨询中心，提供当地旅游景点、交通、住宿等信息，引导游客制订旅游计划；规划建设旅游直通车，在服务区内提供旅游直通车服务，方便游客前往旅游景区、周边城镇和乡村地区；推广自助游，在服务区内推广自助游理念，提供自驾游、步行游、骑行游、水路游等各类自由行方式，让游客更加自由地感受川西区域的美；打造旅游休闲综合体，根据具体情况在服务区内开发旅游休闲项目，如温泉、SPA、滑雪场、高尔夫球场等，让游客在观赏风景的同时享受休闲娱乐；推动旅游体验式营销，通过开展各种主题活动，如文化、美食、手工艺品制作等体验式旅游活动，提升川西区域旅游的知名度和美誉度；加强旅游场所建设，在服务区内建设博物馆、纪念馆、文化村等旅游场所，为游客提供更多的文化、历史和人情体验；引导游客休闲购物，在服务区内引入当地特色商品和旅游纪念品，鼓励游客休闲购物。

4.3.5　将服务区打造成牧民居住生活区域

川西区域自然环境相对恶劣，牧民居住生活条件比较艰苦，这不仅影响到他们的居住舒适度，也不利于其生产生活。为了改善牧民居住条件，提高他们的生产生活水平，将川西区域高速公路服务区打造成牧民居住生活区域是切实可行的举措。为此，需要加强物资供应链，在服务区内设立仓储、配送中心，保障牧民居住、生活等方面的物资供应，提高物流效率；建设文化交流平台、开展文化活动，在服务区内建设文化交流平台，促进不同民族之间的交流与沟通，提高民族融合程度，并在服务区内定期开展各类文化活动，如艺术展览、表演秀、传统民俗体验等，丰富牧民的生活和游客的旅游体验，并提高服务区的知名度；改善生态环境、推广健康生活方式，在服务区内开展健康教育、健身运动等活动，提升牧民的健康意识和生活质量，并加强污水处理、垃圾分类等工作，建立垃圾分类处理系统，对可回收物、有害垃圾等进行妥善处理，改善生态环境，提高牧民的生活质量和福利，推进生态文明建设；加强社会服务、推广科技应用，在服务区内推广新农村建设、智慧乡村等技术应用，提高牧民生活的便捷性和质量，并开展医疗、教育、文化等各类社会服务，提高社区的服务水平和牧民的生活幸福感。

4.3.6　将服务区打造成新县城极核

将川西高速公路服务区打造成新县城极核，不仅可以满足川西区域日益增长的城镇化需求，也可以促进当地经济、文化、社会等多方面的发展。为此，需要搭建综合服务中心，在服务区内建设综合服务中心，提供政务、公共服务、教育、文化、医疗等多项服务，为当地居民提供便捷服务；在服务区内适度新增住宅、商业和办公区，吸引人员和资本入驻，促进经济发展和社会进步；建立社区自治组织，在服务区内建立社区自治组织，发挥居民自我管理和自我服务的作用，提升社区的整体素质和幸福感；加强人才培养，通过开展专业培训、实习等方式，提高服务区员工的服务质量和素质，构建一支高效能的服务团队，带动当地居民增收。

4.4 推动川西高速公路基础设施从"功能型"向"功能+体验型"转化

在过去的几十年里，桥梁、隧道、涵洞等川西高速公路基础设施建设已经取得了长足的进展。然而，大多数高速公路基础设施为"功能型"的，注重的是安全、便利和效率，却忽略了旅游、文化和环境等方面的因素。随着旅游业的快速增长和环境保护意识的提高，人们对高速公路基础设施的期望也在发生变化。因此，结合消费者需求的多样性以及旅游资源的可持续性，推动川西高速公路基础设施从"功能型"向"功能+体验型"转化已成为亟待解决的课题。

4.4.1 指导思想与基本做法

川西高速公路基础设施从"功能型"向"功能+体验型"转化的过程需要在政府的主导下，整合业主单位和社会各界的资源与能力，采取"一路一策"的办法逐步加以推动。

政府主管部门的作用主要体现在提供有效引导、监管和管理服务上，包括提供相关政策支持，明确管辖主体及其权限；加强管理服务，建立健全高速公路管理机构和服务团队，开展围绕高速公路基础设施的安全宣传、交通指引等服务工作，为旅客提供更加周到的管理服务；

提升环境品质，加强高速公路沿线的绿化、垃圾清理等工作，打造美丽的生态环境，提升游客体验和公共形象；引入文化元素，在高速公路沿线设置具有地域特色的文化景点、纪念碑等标志性建筑物，给游客带来不同寻常的旅游体验。

业主单位的作用主要体现在持续改进产品服务和履行企业社会责任上，具体包括改善设施状况，加大对高速公路基础设施的投入力度，改善道路状况，提升车辆通行效率和安全性；加强景观设计，在高速公路沿线开发并设置自然景观、文化景观等标志性景点，以及设置合适的服务区和观景平台，让旅客能够享受到独特的景色和文化氛围；引入智能化技术、推进智慧化服务，利用物联网、大数据、云计算等技术，实现智能化交通管理、智能化导航、智能化安全监控等，提高道路安全性和交通效率，通过建设智慧路网、智慧停车场、智慧收费等方式，提高高速公路服务水平，实现高效便捷的出行体验；优化服务设施，增加 24 小时便利店、餐厅、休息室等多元化的服务设施，提升旅客的出行舒适度和便捷性。完善服务体系，建立健全的客户服务体系，提供个性化、定制化的服务，积极解决用户在出行中遇到的问题和需求；打造品牌形象，通过宣传推广、开展文化活动等方式，打造线路品牌形象，提升用户对高速公路的认知度和好感度。

总之，在推动川西高速公路基础设施从"功能型"向"功能+体验型"转化时，应结合线路的实际情况，在以下方面制定和实施具有差异化的策略，以凸显线路特色，实现错位发展。第一，要注重结合沿线旅游资源进行景观设计和文化传承，发挥在地文化元素的特点进行主题建设，加强文化传承和挖掘。第二，要注重生态保护与旅游开发有机结合，保护和利用好沿线自然资源，建立可持续发展模式，推广绿色旅游。第三，要注重服务质量与品牌形象提升，建立健全客户服务体系，宣传推广高速公路项目，打造"中国工程"品牌形象。第四，要注重与周边旅游资源的联动，获取协同效应，打造旅游线路和旅游品牌。推进川西区域旅游资源互联互通，加强与内地交通沟通，提高区域旅游吸引力。

在川西高速公路基础设施转型中，重大工程和废弃辅助设施，是需要格外关注的因素，要实施"两处发掘"的策略，即发掘川西区域高速公路相关重大工程和沿线废弃辅助设施的旅游价值。

4.4.2　发掘重大工程的旅游价值

川西区域分布有较多的重大工程项目，仅蜀道集团藏高公司在建和营运的涉高速公路重大工程项目，就包括大渡河大桥，国道318线康定折多山隧道，雅康、都汶、汶马、久马、泸石等高速公路，雅叶高速康定过境段等。

这些重大工程既是现代技术水平的体现，也是重要的旅游价值载体，通过挖掘重大工程旅游价值，可以吸引更多游客前来游览，在促进旅游业发展，并在带动川西相关产业发展的同时，让更多人了解川西的自然风光和文化底蕴，促进世界了解川西区域。川西高速公路建设是中国基础设施建设的重大成果之一，将其作为旅游资源进行开发，既可以宣传建设成果，也可以为后续工程的设计与建设提供借鉴。

为充分发掘川西高速公路沿线重大工程的旅游价值，可以采取以下几个方面的策略。第一，打造特色景点，在重大工程项目的沿线设置标志性景点和纪念碑，如"青藏铁路第一桥""八一隧道""波密大峡谷"等，形成独特的旅游品牌和文化符号，提高游客留存度。第二，建立科学管理体系，加强对重大工程项目沿线旅游景区的管理和规划，建立科学的管理体系和标准，保护和利用好自然资源，促进旅游业的可持续发展。第三，创新旅游产品，利用高科技手段，如 VR、AR 等，开发与重大工程项目相关的旅游产品，如模拟驾驶、虚拟导游、科普教育等，增加游客的交互性和参与感。第四，加强宣传推广，利用电视、广播、互联网等多种媒体手段，宣传重大工程项目的建设历程和成就，吸引更多游客前来观光旅游。第五，优化服务设施，加强旅游基础设施建设，提升餐饮、住宿、交通等服务质量，为游客提供更安全、舒适、便捷的旅游体验。第六，引入互联网思维，利用大数据、人工智能等技术手段，为游客提供个性化、定制化的旅游服务，如根据游客的兴趣爱好和偏好推荐旅游线路和景点，提高游客的满意度。

4.4.3 废弃辅助设施的旅游化改造

大量的重大工程项目在川西高速公路沿线留下了大批支线、隧道、桥梁、营地、填渣场等遗留废弃辅助设施，这些废弃辅助设施本身就是具有历史、文化价值的资源，通过旅游化改造后，可以将其变成独特的旅游景点，丰富川西的旅游资源。这些废弃辅助设施通过旅游化改造后，能够具备独特的观赏性和互动性，可以为游客提供更加优质的旅游体验。废弃辅助设施是川西区域高速公路建设历程的见证，通过旅游化改造，不仅能够吸引更多游客前来游览，还可以从另一侧面塑造川西区域旅游的品牌形象，提升其在国内外的知名度。废弃辅助设施的旅游化改造需要投入资金和人力，既能推动当地旅游产业的发展，又能带动就业和经济增长。

可以采取以下几个方面的举措来实现和挖掘废弃辅助设施的旅游价值，实施旅游化改造。第一，进行文化遗产保护，对遗留辅助设施进行考古、鉴定、修缮等工作，保护其文化遗产价值，并将遗留废弃辅助设施融入本土文化元素，提升其文化价值和吸引力，如将历史人物、传统民俗等元素纳入旅游化改造的范围。第二，重新规划用途，对这些废弃辅助设施进行重新规划或改造，如将支线改建成自行车道或步道，将废弃营地改造成露营基地，提供给旅客更多的活动空间和选择，同时提供必要的配套设施，如停车场、厕所、餐饮等。第三，打造创新体验项目，根据不同类型的废弃辅助设施特点，开发创新游览、探索和户外运动等创新体验项目，如徒步穿越、攀岩、摄影等，吸引旅客前来体验。第四，加强安全管理，在开发利用过程中，要高度重视安全问题，在对旧建筑进行清理、修缮、加固等作业时，确保安全性和稳定性，并针对废弃辅助设施的特殊性质，采取必要的安全措施，如加固桥梁、增设安全设备等，还要制定应急预案，保障游客安全。第五，引入专业旅游开发机构、组建专业团队，积极拓展合作关系，引入专业旅游开发机构，共同围绕废弃辅助设施的旅游化改造制定规划、产品设计方案等，共同推进旅游产品的开发、营销和服务，提高整体旅游品质和用户体验，对于具有一定规模的废弃辅助设施旅游项目，应建立专门的运营管理团队，负责旅游项目的开发、运营和服务，确保旅游项目的可持续发展。此外，政府主管部门还要提供必要的政策支持，如针对这类项目提供税收、财务、融资等方面的政策支持，引导和鼓励企业投资这类项目，建立专项基金，扶持遗留废弃辅助设施旅游开发和保护工作等。

4.5 推动川西高速公路沿线旅游产品布局从"点线状"向"立体化"转化

依托川西高速公路打造立体化的旅游产品，如自驾车、房车营地、水上旅游、低空旅游等，实现立体化的旅游产品布局。通过打造立体化的旅游产品，可以丰富川西区域高速公路沿线的旅游资源，提升其旅游吸引力和竞争力，吸引更多游客。

在打造立体化的旅游产品时，要把保证安全放在最重要的位置，对于自驾车、房车营地、水上旅游和低空旅游等项目，要加强安全管理，确保旅客的人身和财产安全，需要针对不同项目，制定必要的安全措施，如加装安全设备、制定应急预案等。对于立体化旅游项目，要提供专业化的服务，如配备专业导游、船长和飞行员等，为旅客提供安全、便捷、优质的服务。要突出特色、加强宣传，突出营地的户外体验、水上旅游的水上运动和欣赏美景、低空旅游的鸟瞰风光等特色，并利用多种媒体手段，如电视、广播、互联网等，进行宣传推广，提高知名度和美誉度。还要探索和实践可持续发展模式，减少对生态环境的负面影响，并为当地居民带来更多的就业机会和经济效益。

政府相关主管部门在依托高速公路打造立体化的旅游产品，从而推动川西区域高速公路沿线旅游目的地布局从"点线状"向"立体化"转化的过程中，具有至关重要的作用。首先，政府制定相关规划和政策，明确立体化旅游产品的发展方向和政策支持的范围，为这类项目提供必要的政策保障和支持。其次，加强监管和服务，政府要对立体化旅游项目进行严格的安全监管，加强对从业人员的培训和管理，提高旅游服务质量和安全性。建立完善的服务指南和投诉处理机制，加强对环境的整治和保护。最后，政府要推动立体化旅游产品朝绿色、低碳、环保、可持续方向发展，积极开展公益性活动，保护生态环境和旅游资源。

5

川西高速公路"交通+旅游"融合发展的实施建议

在川西高速公路"交通+旅游"融合发展的实施过程中，要强调在高速公路建设与运营的全过程融入旅游元素，从而实现高速公路与旅游之间的全面融合。

5.1 规划设计阶段为旅游开发预留接口

高速公路规划设计阶段为旅游开发预留接口是指在道路建设之前，考虑到公路沿线的旅游资源和旅游需求，在公路设计中预留旅游接口的位置和条件，以方便游客进出景区或旅游目的地，并提供必要的服务设施。

5.1.1 意义

在高速公路的规划设计阶段就为旅游开发预留接口，具有以下几个方面的意义。

第一，提高旅游资源利用率。通过为旅游开发预留接口，可以在高速公路建成后更加便捷地进行旅游开发，提高旅游资源的利用率和经济效益。

第二，降低旅游开发成本。如果在高速公路建成后再进行旅游开发，可能需要对建筑物、道路等进行大规模改造或拆除，将会增加旅游开发成本，而预留接口能减少这方面的开支，从而降低旅游开发成本。

第三，增强旅游吸引力。在高速公路规划设计阶段考虑旅游开发，能够让旅游景点更好地融入高速公路周边环境，提升其视觉效果和宣传效果，从而增强旅游吸引力。

第四，促进旅游业可持续发展。预留旅游开发接口，有助于推动旅游业朝可持续发展方向转变。在规划设计阶段考虑旅游开发，可以更好地平衡旅游开发与保护之间的关系，为旅游业的可持续发展提供保障。

第五，提高交通运输效率。在高速公路规划设计阶段预留旅游接口，有助于加强交通运输与旅游开发的联系，提高交通运输效率和旅游体验感。

5.1.2　要点与内容

(1)路线

选线设计应在保证道路运营安全前提下，以满足旅游需求、体现旅游价值及沿线生态环境为切入点和落脚点，以沿线旅游价值较高的自然和人文景观为路线基本走向，结合沿线地形、地貌、地质条件和既有道路情况，使旅游线路有机嵌入沿线景观，与沿线景观互相协调、相得益彰，如泸定大渡河大桥与河流景观(见图5-1)。

为了在规划设计阶段就为旅游开发预留接口，在选线设计上可考虑以下几点。

第一，周边自然和文化遗产。在选线设计时，需要充分考虑川西区域独特的自然和文化遗产资源，如雪山、草原、湖泊、寺庙等，以满足旅游需求，提高旅游吸引力。

图 5-1　泸定大渡河大桥与河流景观

　　第二，地形和气候条件。在选线设计时，需要充分考虑川西区域特殊的地形和恶劣的气候条件，选择相对平坦和安全的线路，并采取相应措施保障道路的通畅和安全性。

　　第三，社会文化习惯。在选线设计时，还需要结合当地居民的社会文化习惯，尊重当地人民的意愿，减少对当地生态环境和文化传承的影响。

　　第四，旅游交通运输条件。在选线设计时，需要充分考虑川西区域旅游交通运输条件，如与周边城市的连接情况、道路宽度和车速等，为旅游开发提供便利的交通运输条件。

　　第五，制定旅游开发整体规划。在选线设计时，需要结合川西区域旅游整体规划，制定旅游开发的目标和规划方案，以便在选线设计时更好地考虑旅游开发的需求和要求。

　　总之，在川西高速公路路线设计中，需要充分考虑旅游开发的需求和要求，为旅游开发预留接口，使高速公路更加适应川西旅游发展的需要。

（2）路基

根据公路的服务能力，结合沿线旅游价值、生态环境景观、地形、地质及路用材料等自然条件进行设计，保证其具有足够的强度、稳定性和耐久性。重视排水设施与防护设施的设计，取土、弃土应进行专门设计，防止水土流失、破坏原生植被、堵塞河道和诱发路基危害。与公路服务要求、沿线自然环境相协调，避免因深挖、高填而对其造成不良影响。通过特殊地质和水文条件的路段，查明其规模及其对公路的危害程度，采取综合治理措施，增强公路的防灾、抗灾能力。

在路基设计上可考虑以下几点：

第一，地形和土壤条件。在路基设计时，需要充分考虑川西区域特殊的地形和土壤条件，选择适宜的路基类型，并采取相应的技术措施确保路基的安全性和稳定性。

第二，设计并设置边坡和护栏。在路基设计时，需要设计并设置适当的边坡和护栏，以保证道路通行的安全性。同时，应考虑到边坡和护栏的美观度，避免与周边景观违和。

第三，预留旅游设施用地。在路基设计时，应考虑到旅游设施的需求和要求，预留合适的用地，如停车场、旅游服务区等，以便后续的旅游开发和运营。

第四，水利工程和生态保护。在路基设计时，需要结合水利工程和生态保护的要求，选取合适的路线，避开可能会影响地下水资源和生态环境的区域，确保公路建设不会对当地的生态环境造成破坏。

第五，制定环保措施和应急预案。在路基设计时，要制定相应的环保措施和应急预案，以应对可能发生的自然灾害、水土流失等突发事件，确保公路建设的可持续性和安全性。

（3）路面

旅游公路行车道路面铺装应根据旅游公路类别分别进行设计。当旅游公路由不同公路等级组成时，按旅游价值高低或相应公路等级取用。

在路面设计上可考虑以下几点：

第一，路面材料。根据当地气候、地形和交通流量等因素，选择适宜的路面材料，以确保道路的平整度和耐久性。

第二，预留旅游专用车道或车道宽度。在路面设计时，可以预留旅游专用车道或适当增加车道宽度，以方便旅游大巴等交通工具进出景区，提高旅游交通运输效率。

第三，路面标线和标志。在路面设计时，需要考虑旅游交通安全和方便性，合理设置路面标线和标志，明确行车方向和交通规则，如泸定大渡河大桥上的高速公路路面标线（见图5-2）。特别是在夜间和恶劣天气时，路面标线和标志的设置更为重要。

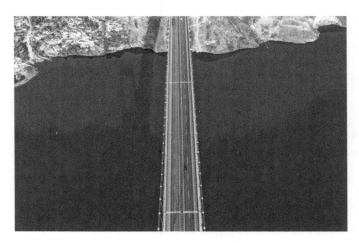

图5-2　泸定大渡河大桥上的高速公路路面标线

第四，设计并设置休息站和服务区。在路面设计时，要预留合适的用地，设计并设置休息站和服务区，满足游客休息、餐饮、购物等需求。

第五，景观美化和照明设计。在路面设计时，要考虑景观美化和照明设计，使沿线景色更加美丽，同时也可以提高夜间行车的安全性，如泸定大渡河大桥的照明设计(见图 5-3)。

图 5-3 泸定大渡河大桥的照明设计

(4)桥梁

充分分析游客的视点位置,位于远景及中景的桥梁应注重桥梁本身的造型及与周围环境的协调性,而位于近景的桥梁须注意避免对游客形成压迫感,对于桥面上及桥面下的空间则需留意游客的感受。并且注重旅游景观效果,兼顾不同出行方式的游客的感受,因地制宜提供满足自驾游、骑游、步行等多种旅行方式的体验。

在桥梁设计上需要考虑以下几点:

第一,桥梁类型和结构形式。根据河流、山谷和地形等因素,选取适宜的桥梁类型和结构形式,以提高通行效率,并确保道路的安全性和稳定性。

第二,景观美化和文化遗产保护。在桥梁设计时,要考虑周边自然风光和文化遗产的保护和利用,如选择合适的颜色和形状,制作桥面雕塑等,同时要避免对周边环境的破坏。

第三,预留旅游专用通道或增加桥面宽度。如泸定大渡河大桥主桥面下的旅游专用通道(见图5-4),在桥梁设计时,可以预留旅游专用通道或者增加桥面宽度,以方便旅游大巴等交通工具进出景区,提高旅游交通运输效率。

图5-4　泸定大渡河大桥主桥面下的旅游专用通道

第四,水利工程和生态保护。在桥梁设计时,要结合水利工程和生态保护要求,选取合适的位置和形式,避开可能会影响地下水资源和生态环境的区域,确保公路建设不会对当地生态环境造成破坏。

第五,制订桥梁维护计划。在桥梁设计时,要制订相应的桥梁维护计划,并考虑当地气候、地形等因素,采取相应的措施,确保桥梁的安全性和可持续性。

(5)隧道

隧道内机动车、自行车混行,存在安全隐患,新建旅游公路隧道应考虑设置非机动车道,隧道应采用沥青路面提高行车舒适度,长大纵坡隧道增设路面防滑彩色标线,如雅康高速公路上的隧道(见图5-5)。

在隧道设计上需要考虑以下几点:

第一,隧道类型和长度。根据地形和交通流量等因素,选择适宜的隧道类型和长度,并考虑旅游专用隧道或者旅游观光通道的预留。

图 5-5　雅康高速公路上的隧道

第二，景观美化和文化遗产保护。在隧道设计时，要充分考虑时周边自然风光和文化遗产的保护和利用，如设置隧道内部照明和雕塑等装饰时要避免对周边环境造成破坏。

第三，通风和疏散设施。在隧道设计时，要考虑通风和疏散设施的设置，确保在紧急情况下人员能够迅速、安全地撤离，以及隧道内空气循环、排放和除尘等问题。

第四，预留旅游观光通道。在隧道设计时，可以预留旅游观光通道，以提供更好的旅游体验，例如，将隧道打造成一条"光影隧道"，给人带来视觉上的震撼。

第五，制订隧道维护计划。在隧道设计时，要制订相应的隧道维护计划，并考虑当地气候、地形等因素，采取相应的措施，确保隧道的安全性和可持续性。

（6）慢行道

慢行道设计一般包括骑行道、步行道和综合慢行道。应做到生态影响最小化开发，与周边绿道充分衔接，避开生态敏感区。尽可能体现川西特色的自然景观节点以及历史人文景观、城市公共空间和城乡居民点等人文发展节点，高级别的发展节点应作为优先串联的对象。

在慢行道的设计上考虑以下几点：

第一，慢行道位置和长度。在进行路线设计时，要充分考虑旅游观光的需求和要求，选择适宜的慢行道位置和长度，以提供更好的旅游体验。

第二，设计并设置休息站和服务区。在进行慢行道设计时，可以设计并设置适当的休息站和服务区，为游客提供休息、餐饮、购物等服务，增加旅游观光的便利性和舒适度。

第三，景观美化和文化遗产保护。在进行慢行道设计时，需要考虑对周边自然风光和文化遗产的保护和利用，如种植适宜的植被、设置景观雕塑等，同时也要避免对周边环境造成破坏。

第四，预留旅游专用通道或足够宽度。在进行慢行道设计时，可以预留旅游专用通道或者增加慢行道宽度，以方便旅游大巴等交通工具进出景区，提高旅游交通运输效率。

第五，制订慢行道维护计划。在进行慢行道设计时，要制订相应的慢行道维护计划，并考虑当地的气候、地形等因素，采取相应的措施，确保慢行道的安全性和可持续性。

5.2 建设阶段同步进行旅游产品打造

高速公路在建设阶段同步进行旅游产品打造，要从道路线性空间设计、景观节点设计、川西特色文化植入、植物配置和边坡生态修复设计等方面入手，充分发挥沿线旅游资源的潜力，满足游客的需求，推动当地旅游业的发展，并为高速公路的建设注入更多的人文气息和生态环保理念。

5.2.1　道路线性空间设计

道路线性空间指道路沿线所形成的连续的、具有一定长度的空间，它是由道路两侧的景观、建筑物、设施等构成的，具有一定的空间结构和特点。道路线性空间包括道路的纵向和横向尺度，是人们出行、生活和工作中不可或缺的一部分。在城市规划和交通规划中，道路线性空间设计对于提高城市品质、提升居民幸福感、促进经济发展等方面都非常重要。同时，在旅游业中，道路线性空间的设计也非常关键，它可以直接影响游客的体验和旅游产业的发展。

道路线性空间设计内容是总体线路的景观主题分段。由于旅游公路路线经过区域的气候差异，尤其是高海拔地区的山区旅游公路，气候差异更为显著，表现出植物群落的垂直性变化，因此形成不同的生态区。故而旅游公路的景观主题分段应顺应公路沿线不同的生态区，参照各生态区旅游资源、自然资源、人文资源特点，划分景观主题段落。

在道路线性空间设计方面需要考虑以下几点：

第一，路线设置要充分考虑旅游景点的连贯性和可达性。可通过设置出入口、环线、连接线等方式，将各个景点串联成一个完整的旅游路线。

第二，道路设计应该充分考虑自然风光和文化遗产等景观资源的保护和利用。可以采用桥梁、隧道、高架等工程技术手段来避免对景观资源造成破坏。

第三，高速公路的服务设施需要与旅游产品相结合。例如，在道路两侧设置停车场、观景台、休息站等，以方便游客观赏景点和休息。同时，这些设施需要具备良好的环境形象和文化内涵，以满足游客的需求。

第四，在设计时要与当地政府和社区居民进行充分沟通。尊重他们的意见和文化传统，确保在建设过程中不会干扰当地居民的生活和社会秩序。可以通过参与当地居民的文化活动、开展宣传活动等方式，增进与当地居民之间的互信，促进旅游产业和当地居民共同发展。

5.2.2　景观节点设计

景观节点设计包括旅游公路的起止点设计、隧道口景观设计、隧道洞内景观设计、桥梁景观设计、明洞景观设计等。起止点设计应结合藏式图案元素，构筑物应尽量简洁，体现旅游区对游客的欢迎。

隐藏式隧道口应借景式处理以隐藏隧道口为原则，尽量以地方化、生态化的设计手法，将隧道口不露痕迹地融入环境，与周围自然环境相协调。隧道洞口景观设计尽量简洁，融入当地地形、地质特色，避免过大开挖及复杂的造型；尤其是同一路段隧道口的形式应尽量保持一致的风格。若有必要做挡土墙，则宜分层分阶以减少隧道口的量体，并采用植物柔化，使隧道口尽量融入地形地貌。

通向有特殊主题的地区，要将隧道口塑造为入口景观时，采用造景式手法，进行艺术化、主体化处理，强化此区域的独特风格意向，使驾驶者能清楚地意识到已进入不同的分区。在景观要求较高的路段，可采用象征性图腾、照明或整体性地标等多种设计方式。隧道洞内装饰可结合有机硅墙绘喷绘，结合充足的照明，消除驾驶员的视觉疲劳，增强行车安全性。

"交通+旅游"公路桥梁大部分位于野外，需要以模拟自然的处理方式，运用地方自然环境的韵律，绿化、柔化结构体，降低桥梁栏杆，使桥梁结构与所在环境相融合。尽量用最少种类的材料、颜色及质感。

明洞景观设计应首先考虑明洞的安全性能，搭建坚固的结构，材料上尽量选取当地石材木材等，减少和自然环境的差异感。

在景观节点设计方面需要考虑以下几点：

第一，对于重要的景观节点，可以设置专门的停靠区或休闲区，以便游客能够更好地欣赏风景和文化遗产，同时也为游客提供了休息、餐饮等服务。

第二，针对不同的景观节点，可以采用不同的设计手法，例如，在自然风光区域设置栈道，利用原生态环境；在文化遗产区域设置传统建筑，体现当地文化特色。

第三，在设计时应该考虑景观节点的连贯性和可达性，通过线性设计和空间布局来将各个景点串联成完整的旅游路线。

第四，设计人员需要尊重当地的自然环境与文化传统，尽可能地保护和利用当地资源，确保景观的真实性和独特性。同时，需要考虑环境保护和文化传承的长远利益。

第五，在景观节点的设计中，需要充分利用先进的技术手段，如数字化模拟、VR/AR 技术，创造出更加生动、丰富的旅游体验。

第六，需要进行充分的市场调研和数据分析，考虑游客需求和旅游市场趋势，以便在景观节点设计中更好地满足游客需求，促进旅游业发展。

5.2.3　川西区域特色文化植入

川西区域主要以特色文化为主，应在旅游公路设计中将特色文化符号的植入贯穿全线，如特色云纹元素、特色窗楣元素和特色八宝元素等。

在文化植入方面需要考虑以下几点：

第一，充分了解当地文化传统和历史背景，将其融入设计。例如，在道路设计中加入当地传统建筑、雕塑艺术等元素，体现当地文化特色。

第二，设计人员需要尊重当地的文化传统，尽可能地保护和利用当地资源，确保文化的真实性和独特性。同时，需要考虑文化传承的长远利益，避免对当地文化造成破坏。

第三，在服务设施的设计中，可以结合当地文化特色，例如，在餐饮服务中提供当地特色美食、在休闲区设置文化展览馆等。

第四，在活动策划方面，可以结合当地节庆活动或者民俗文化举办相关活动，以吸引更多游客前来参与。

第五，进行充分的市场调研和数据分析，了解游客需求和旅游市场趋势，以便在文化植入方面更好地满足游客需求，促进旅游业发展。

5.2.4　植物配置

在川西区域旅游公路景观规划设计中，应当遵循自然发展规律，充分利用植物这一重要的造景元素，根据当地的气候、水文地质、地形地貌，选取当地乡土植物，因地制宜地合理运用植物进行景观配置，如图 5-6 所示。旅游公路往往会经过地形地势、气候差异显著的区域，故应依据公路沿线海拔高程，适应该区段生态区域，通过实地调研，确定生态区域适宜生长的植物种类，分区域进行植物配置。

图 5-6　川西区域的特色植物与高速公路景观

在植物配置方面需要考虑以下几点：

第一，充分了解当地的自然环境和气候条件，选择适宜生长的植物，并根据不同的场所和用途进行搭配和布局。

第二，在景观节点的设计中，可以采用当地特有的植物，如青松、油松等，以突出当地特色。

第三，植物配置应该尊重生态环境，避免对当地生态系统造成破坏，同时要避免引入外来物种，避免对当地生态环境产生负面影响。

第四，在植物配置中，可以结合文化和艺术元素进行布局，如将植物与雕塑、景观灯等元素相结合，创造出具有美学价值和文化内涵的景观效果。

第五，要考虑道路维护的便捷性，选择易于管理和保护的植物，以确保植物的健康生长和景观的可持续性。

5.2.5 边坡生态修复设计

几种常用的公路边坡土木工程防护技术虽整体性和稳定性好，但边坡绿化和景观效果差，且部分技术工程造价较高，不宜在旅游公路边坡防护中大量使用，不利于沿线植物群落的恢复，难以满足景区旅游公路的美观、经济、生态等要求。在交旅融合背景下，旅游公路边坡生态修复设计应积极探索坡面防护新技术，提高防护绿化效果，做到防护形式景观化，形成高原生态景观恢复示范技术。

在边坡生态修复设计方面需要考虑以下几点：

第一，边坡生态修复设计要充分考虑当地的土壤和气候条件，选择合适的植被种类，并根据植物的生长特性进行布局。

第二，在边坡生态修复设计中，可以采用植物与石材、水体等元素相结合的方式，创造出具有美学价值和生态功能的景观效果。

第三，边坡生态修复设计要遵循自然规律，尽可能地减少对环境的破坏，保护生态系统，同时避免引入外来物种，以免对当地生态环境产生负面影响。

第四，考虑到边坡维护的便捷性，可以选择易于管理和保护的植物，以确保植物的健康生长和景观的可持续性。

第五，在设计时要考虑到降低风险，如避免过度挖掘边坡、设置排水设施等，以确保边坡的稳定性与安全性。

5.3 运营阶段积极探索"交通+旅游"综合运管模式

在运营阶段，积极探索"交通+旅游"综合运管模式可以从运营主体和运营模式两个维度考虑，基于利益相关者关系分析，建立协作方之间的良性互动关系。

5.3.1 运营主体

在运营阶段，"交通+旅游"的运营主体一般由以下几个方面构成：

第一，交通运输企业。交通运输企业是"交通+旅游"综合运营的关键组成部分，负责提供相关的交通服务，包括公路、航空、铁路等交通运输服务，以保障游客的出行需求。

第二，旅游企业。旅游企业是"交通+旅游"综合运营中的另一重要组成部分，负责提供旅游产品和服务，包括景区门票、酒店住宿、旅游线路、导游服务等，旨在满足游客的旅游需求。

第三，信息技术企业。信息技术企业是"交通+旅游"综合运营中不可或缺的组成部分，负责提供信息技术支持和服务。例如，建立旅游信息共享平台、调度系统和电子支付等，以便为游客提供更加全面、快捷的旅游服务。

第四，政府管理部门。政府管理部门在"交通+旅游"综合运营中扮演着监管和协调的角色，包括交通、旅游、公安、城管等各类部门，应加强对旅游运营和交通管理的监管，并提供必要的政策、支持和协调服务。

第五，金融机构。金融机构是"交通+旅游"综合运营的重要支撑，负责提供资金、风险管理和投融资等服务，以支持旅游企业和交通运输公司的发展和运营。

综上所述，在运营阶段，"交通+旅游"的运营主体由交通运输公司、旅游企业、信息技术企业、政府管理部门和金融机构等组成。这些主体相互配合，共同促进交通和旅游产业的融合发展，为游客提供更好的旅游服务和交通运输体验。

5.3.2 运营模式

在运营阶段，积极探索"交通+旅游"综合运管模式，就是要在旅游发展过程中将交通与旅游资源有机地结合起来，通过建立统一的信息平台和调度系统，实现对交通和旅游资源的全面管理和调配，以提供更好的旅游服务和交通运输效率。

（1）具体内容

"交通+旅游"综合运管模式是一种以信息共享平台、统一调度交通资源、定制旅游服务、加强安全保障体系和推动创新商业模式为核心的运营模式。这种模式能够更好地整合交通和旅游资源，提供全方位、高质量的旅游服务，优化交通流通效率，促进交通和旅游产业的融合发展。综合运营管理模式具体来说包括以下几个方面：

第一，建立信息共享平台。在综合运输管理模式下，需要建立信息共享平台，将各种交通和旅游资源进行整合，包括天气、道路交通状况、景区门票、住宿预订等，形成完整的旅游交通网络，以便为游客提供更加全面、快捷的旅游服务。例如，将航空、铁路、公路等交通方式与旅游景区、酒店、旅行社等旅游服务资源相结合。

第二，统一调度交通资源。在综合运管体系下，对交通和旅游服务进行统一管理，集中调度和监控，提升服务质量和旅游体验。在保证服务品质和客户体验的前提下，注重运营效益和可持续发展。通过统一调度交通资源，优化交通运输组织，提高运输效率，降低旅游成本。

第三，提供定制旅游服务。基于信息共享平台和统一调度交通资源，为游客提供一站式、定制化的旅游服务，包括交通接送、景点导览、餐饮住宿等，满足游客不同的需求。注重可持续性发展，减少对环境的影响，提高资源利用效率，实现经济、社会和环境三个方面的协调发展。

第四，加强安全保障体系。在综合运输管理模式下，需要建立完善的安全保障体系，通过数据共享、监控预警等手段，加强对交通和旅游安全的管理和监督，有效防范和应对安全事故和突发事件。通过市场分析、数据分析、人才培养等手段，不断优化运营效率和服务质量，以实现长期稳健的发展。

第五，推动创新商业模式。基于综合运输管理模式，可以推出更多的创新商业模式，如"交通+旅游"联营、跨领域合作等，以促进两个产业的融合发展，为游客提供更好的旅游服务和交通运输体验。要利用科技手段，做好创新服务，如智能导览、自助售票、在线预订等，提高服务效率和用户满意度。

(2) 具体措施

为了在川西区域高速公路建立适合"交通+旅游"综合运管模式，可采取以下具体措施：

第一，合理规划。要加强规划设计，制定全面、系统的规划方案，充分考虑交通和旅游的需求，将旅游资源整合到高速公路建设中，并考虑旅游车辆的通行需求，确保两者相互协调，实现优化配置。

第二，数据共享。建立交通和旅游信息的共享平台，提高资源利用效率，为游客提供休息、餐饮、娱乐等服务，并提供旅游资讯和安全提示。同时，也能够使游客更好地了解当地的交通信息，方便其出行。

第三，服务质量提升。为游客提供高质量的服务，包括安全、舒适、方便等方面。同时也需要重视环保问题，保护旅游资源。引入智能化技术，如智能导航系统、智能停车系统等，提升高速公路的运营效率和服务水平。

第四，法规制度体系建设。建立健全的法律法规体系，完善相关政策和管理制度。加强对交通和旅游从业人员的培训，提高其服务水平。加强安全管理，增加巡逻警力，设置应急救援设施，确保道路畅通和游客安全。

第五，创新发展。探索新的商业模式和营销手段，推动交通和旅游产业的创新发展。例如，开展跨界合作、发展智慧旅游等。建立联合运营机制，推动合作，形成互利共赢的格局。

5.3.3 利益相关者分析

"交通+旅游"综合运管模式的主要利益相关者如下：

政府是"交通+旅游"综合运管模式中最重要的利益相关者之一。政府应负责制定相关政策和规划，协调各方力量，促进旅游和交通产业的融合发展。

旅游企业是"交通+旅游"综合运管模式中的另一重要利益相关者，它们提供旅游产品和服务，通过和交通企业、信息技术公司等的合作，实现全产业链的一体化运营。

交通运输企业是高速公路的业主，是"交通+旅游"综合运管模式中的核心利益相关者，它们提供交通设施和服务，为旅游业提供必要的运输支持。

游客是"交通+旅游"综合运管模式中的最终受益者和消费者。他们需要安全、便捷、舒适的交通运输和优质、丰富、多样化的旅游服务。

金融机构是"交通+旅游"综合运管模式中的资本提供者和风险管理者，它们可以通过向旅游和交通企业提供融资、投资和保险等服务，促进行业可持续发展。

社区居民是"交通+旅游"综合运管模式中的重要利益相关者，特别是在景区周边等地方。一方面，他们可以从旅游和交通产业的发展中受益；另一方面，他们可能遭受环境污染、交通拥堵等的负面影响。

环保组织是"交通+旅游"综合运管模式中的组织者和协调者，它们关注环境保护和可持续发展问题，在"交通+旅游"综合运营中发挥着促进和引导作用。

需要考虑各利益相关者之间相互关系、权力分配、责任承担、资源利用等方面的问题，并寻求协调、平衡和共赢的解决方案。这样做有助于促进"交通+旅游"综合运营的可持续发展，提高行业整体效益和社会效益。

在运营阶段，旅游企业应为游客提供安全、便捷和舒适的环境，满足经济美观、坚固适用、节能环保和卫生防疫等基本要求，保证建设质量，提升道路"交通+旅游"融合的整体形象，提高旅游服务质量和水平，使路段交通旅游具备通达性、便捷性、舒适性、多元化的特性。

政府管理部门应加强旅游交通基础设施的功能拓展，建立交通、游憩、娱乐、购物等旅游要素和资源的融合开发模式。加快交通、城乡、能源、通信、环保等基础设施建设，切实改善景区的可进入性，为旅游交通发展创造良好的条件。打破旅游发展瓶颈，搞好能源、通信、环保配套设施建设，进一步夯实四川省建设成为旅游经济强省和世界重要旅游目的地的载体基础。

在交旅融合政策的指导下，交通运输企业坚持"完全保护，适度开发"原则，提升川西区域交通运输的供给能力，拓展旅游公路的服务功能，提高旅游公路的服务品质，形成公路—景区—配套—服务的一体化旅游综合体模式，实现旅游资源与交通资源的整合，建立交通运输与旅游业的长期良性互动新格局，创建川西区域旅游产业的新业态和新体系，最大限度地释放交旅融合政策在四川省全域旅游战略中的综合效益。

5.4 开展川西区域高速公路沿线旅游资源普查

5.4.1 旅游资源普查

旅游资源普查一般包括自然地理环境、人文历史遗迹、旅游设施和服务、活动项目和节庆文化、旅游产业特色及其他相关信息等内容。

(1) 自然地理环境

旅游资源普查中的自然地理环境主要包括地形地貌、水文地理、气候气象、土地利用和生态环境等方面，这些内容对于旅游发展和景区开发具有重要的指导意义。

地形地貌指研究地球表面形态、地势和地貌的科学。对于旅游业来说，地形地貌的特征是影响游客旅游路线和景区开发布局的重要因素。

水文地理指研究水体在地球上分布、流动和变化的科学。对于旅游业来说，水文地理的特征是影响水上运输、水上娱乐和风景名胜区的重要因素。

气候气象指研究大气的物理、化学及其变化的科学，包括气温、湿度、降水、风等气候元素。对于旅游业来说，气候气象的特征是影响旅游舒适度和旅游季节选择的重要因素。

土地利用指人类活动对土地的利用方式，包括耕作、林木种植、城市建设等。对于旅游业来说，土地利用的特征是影响景区景观和环保质量的重要因素

生态环境指生物群落、水体、大气等自然要素和人类社会活动相互作用而形成的一种环境。对于旅游业来说，生态环境的特征是影响生态旅游质量和生态保护工作开展的重要因素。

（2）人文历史遗迹

旅游资源普查中的人文历史遗迹主要包括历史建筑、古迹遗址、文化景观、文化遗产和人文景观等方面，这些内容对于展示地方历史文化特色和旅游吸引力具有重要的作用。

历史建筑指保存有历史价值的建筑物，如古代宫殿、寺庙、城墙等，通常是重要的文化遗产。

古迹遗址指古代社会活动留下的遗址和遗迹，如古代城址、墓葬、石窟等，具有重要的历史、文化和考古价值。

文化景观指特定地域形成的文化景观，如传统民居、园林、水利工程、古道等，通常是地方文化的典型代表。

文化遗产指具有历史、艺术、科学、社会价值的一切物质或非物质的文化遗存，如文物、文献、民俗、传说等，是肩负历史与文化责任的珍贵资产。

人文景观指由人类活动所形成的景观，如历史名镇、风景名胜区、文化村落等，是人类活动和自然环境相互作用的产物。

（3）旅游设施和服务

旅游资源普查中的旅游设施和服务主要包括住宿设施、餐饮设施、交通设施、游览设施、娱乐设施、旅游服务和旅游信息等，这些内容对于提升旅游体验和满足游客需求具有重要的作用。

住宿设施指供游客住宿的各类设施，如酒店、旅馆、度假村、露营地等。

餐饮设施指为游客提供各类饮食服务的设施，如餐厅、快餐店、小吃摊等。

交通设施指供游客使用的各种交通设施，如公路、铁路、机场、码头等。

游览设施指方便游客参观景点和体验旅游活动的各类设施，如游船、索道、缆车、观光车等。

娱乐设施指供游客娱乐和消遣的各类设施，如电影院、KTV、游戏厅、水上乐园等。

旅游服务指为游客提供各类服务的企业和个人，如导游、翻译、租车、购物等。

旅游信息指为游客提供旅游信息的各类机构，如旅游局、旅行社、网络旅游平台等。

(4) 活动项目和节庆文化

旅游资源普查中的活动项目和节庆文化主要包括传统民俗活动、体育运动活动、文艺演出活动、主题园区活动、纪念景点和纪念馆等方面，这些活动和文化对于吸引游客、提升旅游质量和展示地方特色具有重要的作用。

传统民俗活动指各地区具有代表性的传统民俗活动，如民间节气、民间娱乐等。这些活动体现了地方的文化特色和民间习俗，深受游客的喜爱。

体育运动活动指各种户外和室内体育运动，如滑雪、攀岩、高尔夫球、足球等，这些活动可以丰富游客旅游的体验，有利于身心健康。

文艺演出活动指各类传统和现代舞台表演，如歌舞、戏曲、杂技、音乐会等，这些演出可以展示地方文化艺术和人文精神，吸引游客观赏。

主题园区活动指以某一主题为基础的游乐场所和娱乐设施，如迪士尼乐园、海洋馆、水上公园等，这些园区以其独特的主题和设施深受众多的游客喜爱。

纪念景点和纪念馆指用于纪念和展示历史人物、事件或文化遗产的景点和馆藏，如革命纪念馆、博物馆、纪念碑等，这些景点和馆藏可以让游客学习历史知识和感受悠久的文化底蕴。

(5) 旅游产业特色

旅游资源普查中的旅游产业特色主要包括地方特色产品、旅游主题活动、品牌建设、环保生态和科技创新等方面，这些内容对于提升旅游目的地的吸引力、提高企业竞争力和保障旅游业可持续发展具有重要的作用。

地方特色产品指地方独有的特色产品，如土特产、手工艺品、美食等。这些产品是游客旅游时购买的纪念品和礼物，也是地方经济发展的重要支柱。

旅游主题活动指基于地方特色和文化内涵而设计的各类旅游主题活动，如民俗文化节、体育赛事、电影节等。这些活动可以提升游客旅游体验，增强地方的吸引力和竞争力。

品牌建设指通过精心打造企业或景区品牌形象，提高品牌知名度和美誉度。这可以为旅游企业和景区带来更多的商机和市场份额。

环保生态指旅游开发过程中注重环保与生态保护，推行可持续发展理念，减少对自然环境的破坏和污染。这可以为旅游目的地的长期发展提供可持续性的支撑。

科技创新指运用先进的科学技术，开发和应用新的产品和服务，提高旅游业的技术含量和创新能力，以满足人们不断提高的旅游需求。

(6) 其他相关信息

旅游市场调研数据、旅游安全等方面的信息都是旅游资源普查所需的内容。主要包括旅游市场调研数据、旅游安全防范措施、旅游投诉处理机制、应急救援措施和旅游人员管理等，这些内容对于保障游客权益、提高旅游服务质量和促进旅游业可持续发展具有重要的作用。

旅游市场调研数据指对旅游市场进行的各类市场调研、分析和预测，包括旅游产品的需求和供给情况、人群旅游行为规律、旅游市场竞争格局等。这些数据对于制定合理的旅游战略和开展营销活动具有重要的指导作用。

旅游安全防范措施指为保障游客生命财产安全而采取的各种措施，包括制定旅游安全标准和规范、加强景区管理和监管、提高旅游从业者素质和技能培训、加强旅游宣传和警示教育等。这些措施是保障游客权益和维护旅游形象的重要手段。

旅游投诉处理机制指为解决游客在旅游过程中遇到的各种问题和投诉而建立的机制和渠道，包括投诉受理、信息核实、纠纷调解、赔偿协商等环节。这些机制可以为游客提供及时、有效的维权渠道，保障游客合法权益。

应急救援措施指为应对自然灾害、安全事故和突发事件而建立的旅游应急救援体系和机制，包括应急预案、应急处置流程、应急物资储备等。这些措施是保障游客生命和财产安全的重要手段。

旅游人员管理指对从业人员进行的各类管理和监督，包括从业人员资格认证、职业道德规范、行为准则等。这些管理措施可以提高从业人员素质、保障游客服务质量和形象。

5.4.2　川西高速公路沿线旅游资源普查内容

（1）交通运输

目前，交通运输条件仍是川西区域旅游发展的重要影响因素。根据考察，公路周边缺乏交通安全提示、牧群横穿公路、没有骑游车道、滚石路段提示等，道路安全性有待提高。因此，交旅融合发展背景下的旅游公路规划应在满足国家对标志、规格、色彩、字体等具体标准的同时，合理布设，做到交通标志和旅游标志在风格上的统一，位置上不冲突。并在设计中融合川西区域自然资源、历史脉络、民俗文化等内容，充分体现川西区域地方特色。主要包括导向性标识、解释性标识、安全警示性标识、服务设施标识和管理说明标识等，如图5-7所示。

（2）旅游公路服务设施

旅游公路服务设施是旅游公路基础配套设施建设的重要组成部分，它是旅游公路服务品质的直接体现，是推动沿线产业发展的关键要素。旅游公路的沿线服务设施，以场地、建筑物、构筑物及其他各类型的实体、虚体空间为核心，同时涵盖区内道路、停车区域、人流集散区域、休闲空间、历史文化旅游展示空间、景观、小品、装置、站点、机器设备及必要场区等。服务规划主要包括服务区、停车区、观景台、特色驿站、露营地等，例如天全服务区内的露营体验区（见 5-8）。应综合沿线地形地貌、旅游资源、滨河景观等具体情况进行服务设施布局。

图 5-7　川西区域高速公路标识

图 5-8　天全服务区内的露营体验区

川西区域旅游公路的服务规划应尊重川西区域脆弱的生态环境，选点避开生态敏感区；在构筑物、景观、设施等设计中应使用川西区域特色图案元素，如特色云纹、特色八宝图案等；川西区域大部分位于高海拔地区，部分游客易出现高原反应等，部分车辆也容易出现状况，因此川西区域旅游公路在服务功能上应加强医疗系统、紧急救援系统、车辆维修设施等的保障。

(3) 通信设施

互联网、广播、电视等设施硬件建设目前基本能满足川西区域旅游发展需要；川西区域与旅游相关的互联网站、网页总量和信息容量较少，信息更新慢，不能满足游客旅游信息搜索需要；川西区域智慧旅游网络建设严重滞后。因此，川西区域要发展经济，应加强交通基础设施建设，完善的基础设施建设能为经济发展创造良好的条件，是经济发展的保障。加强川西区域通信、水电及广播电视、信息网络等的建设，加大现代化手段应用于发展的力度，带动川西区域其他相关产业的发展进步。

5.5 实施"一路一策"计划，为不同的线路量身定制"交通+旅游"融合发展策略

5.5.1 "一路一策"案例

本部分梳理雅康高速、汶马高速、泸石高速、雅叶高速康定过境段、G0615线久治至马尔康段高速公路等线路，为不同的线路量身定制"交通+旅游"融合发展策略给出一些原则性、方向性的建议。这些原则性和方向性建议可以考虑围绕提高资源投入的综合利用效益，空间范围的带动和辐射作用，服务地方经济社会发展等角度来展开。例如，

花费大量财力投入的交通基础设施建设工程，一定要在较长时间内对当地甚至以当地为核心的辐射范围内的经济社会发展起到积极的推动作用，以及在面向更长时间的发展进程中，其现有的设施条件能够实现功能的更新和完善，具备足够的韧性来满足未来发展的需求，从而更好地实现区域持续发展(乃至协同发展)的目标。

(1) 雅康高速公路

雅康高速公路(G318)沿线地形复杂多样，有着得天独厚的自然风光和悠久的历史文化底蕴。为实施"一路一策"计划，在雅康高速公路沿线可采取以下具有线路特色的做法：

第一，发展生态旅游。因沿线景点自然风光优美，建议加强生态保护，发展生态旅游产品，如徒步、骑行、观鸟等自然探险项目。

第二，弘扬特色文化。因沿线地域民情多样，建议通过举办特色文艺演出、展示传统工艺、设立民俗博物馆等方式，弘扬各地特色文化。

第三，推动宗教旅游。因沿线存在众多的寺庙和山水胜迹，建议开发寺院文化、布达拉宫文化等旅游线路，吸引更多的游客。

第四，开展科普教育。因沿线地质构造多变，生态系统复杂，建议开展科学普及活动，如地质考察、生态教育等，为游客提供丰富的知识体验。

第五，提升旅游服务水平。因沿线交通条件相对落后，建议加强旅游设施和服务设施的建设，如修建休息区、增设公共厕所、改善餐饮住宿条件等，提升游客的旅游舒适度。

(2) 汶马高速公路

汶马高速公路(S3)沿线地域广阔、资源丰富，具有得天独厚的自然和文化遗产优势。为实施"一路一策"计划，在汶马高速公路沿线可采取以下具有线路特色的做法：

第一，开发生态旅游。因沿线拥有大量的自然景观和生态资源，建议加强生态保护，开发生态旅游产品和线路，如徒步、骑行、漂流等。

第二，弘扬红色文化。因沿线有丰富的革命历史和红色文化底蕴，建议推出"红色旅游"线路，立足红色旅游精品项目开发，如宜宾会议纪念馆、五指山革命烈士陵园等。

第三，推进民俗文化。因沿线地域多民族聚居，建议利用区域乡土文化，推进民俗文化旅游，如雅安宝兴县雷波溪谷彝族文化旅游区。

第四，发展农业旅游。因沿线农村经济基础好，建议开展农村旅游，如茶叶产地游、特色农业观光等。

第五，促进产业融合。因沿线产业结构多样化，建议加强各行业之间的合作与融合，实现互补发展，如旅游与文创、旅游与体育等跨界融合。

(3) 泸石高速公路

泸石高速公路(S106)沿线资源丰富，具有独特的地理、自然和人文特色。为实施"一路一策"计划，在泸石高速公路沿线可采取以下具有线路特色的做法：

第一，开发生态旅游。因沿线山川壮美，水资源丰富，建议加强生态保护，开发生态旅游产品和线路，如漂流、徒步等。

第二，弘扬红色文化。因沿线历史悠久，革命传统深厚，建议推出"红色旅游"线路，立足红色文化景点开发，如三坝红军长征纪念馆、千家岩烈士陵园等。

第三，推进少数民族文化。因沿线少数民族众多，建议发挥民族文化优势，打造少数民族文化旅游品牌，如彝族村寨旅游、黎阳古城等。

第四，发展特色产业。因沿线地形复杂，气候适宜，特色农业资源丰富，建议发展特色农产品观光旅游，如咖啡园、橡胶林等产业旅游。

第五，推进文化创意融合。因沿线人文历史底蕴深厚，建议以文化创意为核心，推动文化旅游与其他产业的融合，创新文化旅游产品和服务模式。

(4) 雅叶高速公路康定过境段

雅叶高速公路康定过境段沿线地形复杂多变，自然景观优美，具有丰厚的历史文化积淀。为实施"一路一策"计划，在雅叶高速公路康定过境段沿线可采取以下具有线路特色的做法：

第一，发展生态旅游。因沿线保持着原生态风貌，建议加强生态保护，发展生态旅游产品和线路，如徒步、骑行、森林浴等。

第二，弘扬红色文化。因沿线拥有厚重的革命历史和红色文化遗产，建议推出"红色旅游"线路，如领袖人物故居、红军长征博物馆等。

第三，弘扬特色文化。建议发挥文化特色，打造特色文化旅游品牌，如云岭风情园、特色乡村民宿等。

第四，推动文化旅游。因沿线有众多的山水胜迹，建议开发文化旅游线路，吸引游客前来旅游。

第五，加强旅游基础设施建设。因沿线交通不便，建议加强交通网络和旅游基础设施建设，如修建休息区、增设公厕、改善餐饮住宿条件等，提升游客的旅游体验。

(5) G0615 线久治至马尔康段高速公路

G0615 线久治至马尔康段高速公路沿线风光秀美，自然资源丰富，具有浓厚的历史文化氛围。为实施"一路一策"计划，在 G0615 线久治至马尔康段高速公路沿线可采取以下具有线路特色的做法：

第一，发展生态旅游。因沿线拥有大量的自然景观和生态资源，建议加强生态保护，发展生态旅游产品和线路，如徒步、骑行、草原探险等。

第二，弘扬红色文化。因沿线革命传统深厚，建议推出"红色旅游"线路，立足红色文化景点开发，如遵义会议旧址、红军长征纪念馆等。

第三，推进特色文化。因沿线多民族聚居，建议利用特色文化优势，打造多样化的特色文化旅游品牌。

第四，开展探险旅游。因沿线地貌复杂、海拔高差大，建议开展探险旅游，如攀登冰川、穿越峡谷等项目。

第五，提升旅游服务水平。因沿线地域广阔，交通条件相对落后，建议加强旅游基础设施的建设，如增设休息区、改善餐饮住宿条件与路况等，提升游客的旅游体验。

5.5.2 定制"交通+旅游"融合发展策略的要点

(1)通行融合

形成联系交通干线、旅游城镇、旅游景区的立体旅游交通网络。加快干线公路与景区公路连接线以及相邻区域景区之间旅游公路的建设，在有条件的地区构建区域旅游环线，形成便捷高效的"快进"交通网络，并根据景区规模科学制定旅游公路建设标准。

因地制宜建设旅游风景道，结合沿线景观风貌和旅游资源，打造具有通达、游憩、体验、运动、健身、文化、教育等复合功能的主题旅游线路，并根据需求增设骑游道、游步道等"慢行"设施。将具有观赏价值的交通基础设施在设计新建时增加停车、观景、卫生等服务设施，已建成的可结合大修、改扩建增加观景服务等功能。

(2)景观融合

自然景观的融合要求以特色化交通基础设施为载体，将重点旅游廊道上富有观赏价值的典型桥梁、隧道等结构物打造成小型旅游景点，构筑公路交通与人文景观资源相匹配的特色景观大道。以重点旅游区为突破点，形成带动效应。集聚各类旅游资源提升创新能力，以旅游交通融合发展为核心，增强公路景区与旅游区交通、文化、服务、游憩等各层面的互动意识，做到公路景区与旅游区的交互式发展。

　　人文景观的融合要求依托川西区域特有的民俗风情、民族文化、历史等类型资源，挖掘人文底蕴，充分结合当地经济发展、历史传统、自然生态和地域文化，整合文化要素和旅游资源，构建整体形象与当地民俗风情、民族文化特色相融合的旅游形象体系，构建新型文化旅游业态。加强对具有历史文化价值、精神象征意义的交通遗产资源的保护开发研究，鼓励对"丝绸之路""蜀道""茶马古道"等具有重要历史文化价值的交通遗迹的保存，做好资源的保护与保存，完善旅游线路开发与历史文化展示平台。

　　(3)服务融合

　　交旅融合背景下的川西区域旅游公路服务应根据面积大小、功能涵盖的不同划分为三个级别：一级为服务区，主要有旅游宣传、购物、休憩、游玩、停车、加油、餐饮、医疗、维修保养车辆、管理养护设施等。二级主要有特色驿站、停车区、露营地等，主要功能有停车、露营、游玩、观景等。三级为观景台，主要有停车、观景、休憩、摄影、游玩等。

　　在旅游公路沿线路侧空间富裕路段设置驿站、简易自驾车房车营地、观景台、卫生间等设施。并根据需要在特定路段增设简易驿站、港湾式停车带和观景台。具备条件的道班可探索配套建设旅游停车场、驿站、简易自驾车房车营地等设施。可结合实际情况在干线到旅游景区之间增设停车场并实现景区接驳服务。

　　(4)信息融合

　　促进川西高速公路建设和运营维护中信息的共享和融合，为游客提供更好的旅游信息服务，同时提升道路建设和运营维护的效率。将旅游交通标志标牌等设施与交通基础设施等道路标识系统进行统一规划设计，在满足国家标准的同时，充分体现川西人文特征和旅游特色，实现旅游交通标志系统规范化、清晰化、特色化，方便游客快速识别。对每一条路线而言，都要做好以下工作：

第一，建立信息共享平台。建立川西高速公路建设和运营维护的信息共享平台，让相关单位和部门共享信息，包括交通数据、旅游资源数据、气象数据、车辆数据等。通过共享数据，能够更好地掌握道路建设、交通运行和旅游资源等情况，实现信息的共享和融合。

第二，数据分析和处理。对共享的数据进行分析和处理，以提炼出有价值的信息，并为相关单位和部门提供决策支持。例如，可以分析道路交通流量、拥堵情况、事故发生率等，为道路建设和运营维护提供决策参考。

第三，建立智能交通管理系统。建立智能交通管理系统，通过实时监测和分析路况信息、车辆信息等，实现对交通运行的实时掌控，及时调整交通管控策略，缓解交通拥堵情况，提升道路通行效率。

第四，建立旅游信息服务平台。建立旅游信息服务平台，为游客提供全方位的旅游信息服务，包括旅游线路规划、景点介绍、旅游活动预订、交通出行等。通过共享旅游资源数据和交通数据等，为游客提供更加全面的信息服务。

6

结论与展望

6.1 研 究 结 论

本书的研究主题是川西高速公路"交通+旅游"融合发展，在厘清"交通+旅游"融合发展概念的基础上，分析川西高速公路"交通+旅游"融合发展所面临的问题，分析川西"交通+旅游"融合发展机制，提出促进川西高速公路"交通+旅游"融合发展的策略及实施建议。

第一，分析研究背景与相关领域研究现状。研究背景从两个方面展开：一是"交通+旅游"融合发展的趋势，二是川西高速公路的建设情况。相关领域研究现状主要对产业融合的研究和对"交通+旅游"融合发展的研究。此外，梳理了"交通+旅游"融合发展的相关政策。不仅明确了"交通+旅游"融合发展的必要性，而且提出了"交通+旅游"融合发展中存在的问题，对"交通+旅游"融合发展作出了趋势研判。

第二，阐释了"交通+旅游"融合发展的定义、特点和概念模型。"交通+旅游"融合发展的一般性质是有条件的，是过程性的，是有方向的，是多层次的，是分阶段实现的，是交通的旅游价值，是两大产业的互惠共生，也是涉及多个主体的复杂行为。"交通+旅游"融合发展，具有融合动力的复合性、融合内涵的层次性、融合方式的演进性和融合行为的多样性等特点。

第三，对川西"交通+旅游"融合发展的现状进行分析。首先，评价川西"交通+旅游"融合发展水平，基于交通和旅游两大系统的互动关系和耦合机制，本书建立交通和旅游系统的综合评价指标体系，并利用2012~2020年的数据对两者的耦合度进行建模分析，从而更深刻地把握两者的耦合发展规律。川西区域交通与旅游两大产业的耦合协调度评价，总体来说处于一个较稳定的水平，协调等级维持在5级（濒临失调）水平上。这说明川西区域交通与旅游两大产业近年来虽然得到了长足发展，但在产业间的协调方面，还处在较低水平。其次，以泸定大渡河大桥超级工程旅游景区项目作为川西"交通+旅游"融合发展的典型案例，分析了项目的基本条件、发展思路与建设过程。打造交旅融合发展新格局，是一个典型的超级工程旅游价值发掘项目，对推动当地全域旅游发展、助力乡村振兴具有先行示范意义，已成为泸定县申报天府旅游名县的重要支撑项目。最后，提出了川西"交通+旅游"融合发展的前景与存在的问题。基于前文的研究结果，结合《全域旅游意见》与川西的发展现状，总结出川西"交通+旅游"融合发展的趋势，指出目前在项目投融资、策划规划、工程建设以及运营管理四个方面的发展水平距离实现更高层次、更深水平的融合发展还有一定差距。

第四，提出推动川西高速公路"交通+旅游"融合发展的策略。首先，构建策略框架，从线路、服务区、基础设施和沿线旅游产品等方面促进川西区域高速公路与景观景区实现全方位、全要素的相互交融。其次，推动川西区域高速公路"交通+旅游"融合的有效转化，高速公路从"快进"通道向"慢游"目的地转化，高速公路服务区从"过境地"向"县域综合平台"转化，高速公路基础设施从"功能型"向"功能+体验型"转化，高速公路沿线旅游目的地布局从"点线状"向"立体化"转化。

第五，川西高速公路"交通+旅游"融合发展的实施建议。首先，在规划设计阶段为旅游开发预留接口，考虑路线、路基、路面、桥梁、隧道、慢行道几个方面。其次，在建设阶段同步进行旅游产品打造，包括道路线性空间设计、景观节点设计、四川特色文化植入、植物配置、边坡生态修复设计几个方面。再次，在运营阶段，积极探索"交通+旅游"综合运管模式。从次，开展川西高速公路沿线旅游资源普查，主要包括交通运输、旅游服务设施、通信设施。最后，实施"一路一策"计划，为不同的线路定制"交通+旅游"融合发展策略，考虑通行融合、景观融合、服务融合、信息融合几个方面。

6.2 研究不足与待研究之处

6.2.1 研究不足

本书主要研究的是川西高速公路"交通+旅游"融合发展，存在的不足主要体现在以下几个方面：

第一，川西高速公路"交通+旅游"融合发展目前仍处于探索阶段，还不成熟，普遍存在产业自身"投资大、回报慢"的天然属性。从资源状态来看，有些地方缺乏富集的旅游资源；从地理位置来看，有些地方处于偏远地区，施工难度大；从经济发展程度来看，有些地方仍属于欠发达地区，基础设施落后等，这些都在一定程度上制约了交通与旅游的融合发展，特别是对川西区域高速公路"交通+旅游"融合发展的制约。

第二，在对川西"交通+旅游"融合的发展现状进行分析时，基于交通和旅游两系统的互动关系和耦合机制，构建综合评价指标体系，对两者耦合程度进行建模分析。从分析结果来看，川西区域交通与旅游两大产业近年来虽然得到了长足发展，但在产业间的协调方面，还处在较低的水平，且这一情况多年来未能得到改善。一方面说明川西区域交旅融合多年来并未引起各方的足够重视；另一方面说明川西区域的交旅融合蕴含着巨大的潜在机会，未来可为产业发展提供新的契机。

第三，近年来川西在推进"交通+旅游"融合发展、进一步挖掘交旅市场发展潜力方面取得了明显进展，涌现出天全服务区、泸定大渡河大桥超级工程旅游景区等代表性项目，但目前的发展水平一般，距离实现更高层次的融合发展还有一定的差距，在进一步研究"交通+旅游"融合发展时，应着重考虑项目投融资、策划规划、工程建设以及运营管理四个方面。

第四，虽然川西区域旅游资源丰富，但是"交通+旅游"融合发展仍然存在局限。首先，川西区域的基础设施建设相对滞后，交通运输不便利，限制了旅游业的发展。其次，川西区域的旅游产品单一，多以自然景观和少数民族文化为主，缺乏多样性，无法满足游客的多元化需求。再次，川西区域的旅游综合服务水平需要进一步提升，包括酒店、餐饮、旅游娱乐等方面。最后，川西区域的旅游市场缺乏有效的营销手段，无法吸引更多的游客，导致旅游业发展受到限制。

6.2.2 待研究之处

本书的待研究之处主要体现在川西高速公路"交通+旅游"融合发展的有效实施方面。强调在川西高速公路建设与运营的全过程中融入旅游元素，从而实现高速公路与旅游之间的全面无缝融合。此外，思考沿着高速公路建设运营的不同阶段展开，考虑把存量高速公路和增量高速公路区别对待，存量代表过去和现在，主要呼应我们提出的现有相关工程在建设和运营过程中存在的突出问题；增量代表未来，强调对国家战略布局的执行，体现更全新、系统的管理理念和运营模式，对标国际先进标准。

为促进川西"交通+旅游"更好地融合发展，还需要从以下几个方面进行研究：首先，探索新的交通模式，如开发新的交通线路、采用创新科技等方式，提高川西区域的交通运输效率和便利性。其次，丰富川西区域的旅游产品，如增加文化体验、生态旅游等多元化产品，提高旅游产品的吸引力和附加值。再次，提升综合服务水平，如加强旅游设施建设、完善旅游信息服务体系等，提升川西区域旅游行业的综合服务水平。最后，强化市场营销手段，如采用数字营销、社会化媒体营销等新型营销手段，吸引更多游客来川西区域旅游。

参考文献

［1］Jameel Khadaroo. Transport Infrastructure and Tourism Development［J］. Annals of Tourism Research,2007,34(4):1021-1032.

［2］Steven Rhoden, Maarja Kaaristo. Mobile Landscapes and Transport Tourism:The Visual Experience of Mobility During Cruises and Coach Tours［J］. International Journal of Culture,Tourism and Hospitality Research,2020,14(3): 309-319.

［3］安小平．交通产业可持续发展的理论思考［J］．山西高等学校社会科学学报，2005(12)：37-39.

［4］曹杨．基于交旅融合背景下的美丽公路景观规划［J］．公路交通科技(应用技术版)，2018，14(9)：319-321.

［5］程瑞芳，张美琪．旅游产业融合研究(2007—2019)：综述与展望［J］．商业经济研究，2020(8)：181-184.

［6］程心．旅游交通对旅游产业的影响探析［J］．当代旅游，2021，19(17)：76-77.

［7］程质彬，孙希瑞．长三角地区旅游业共生关系研究［J］．绍兴文理学院学报，2020(10)：94-101.

［8］池昭梅，黎曦，吴语伦．共生理论视角下中国企业跨国并购效应研究：以复星医药收购 Gland Pharma 为例［J］．广西财经学院学报，2021，34(6)：112-127.

［9］戴茜．共生理论视角下江苏省"体育+旅游"产业的融合研究［D］．南昌：华东交通大学，2021.

[10]狄婕．省交投集团 交旅融合点亮旅发大会[N]．黑龙江日报，2021-08-31(002).

[11]范延贺，杨世玲，夏程意，等．交旅融合下旅游型服务区建设研究[J]．合作经济与科技，2020(8)：40-41.

[12]方世敏，王海艳．基于系统论的农业与旅游产业融合：一种粘性的观点[J]．经济地理，2018，38(12)：211-218.

[13]高嘉馨，王涛，顾新．创新生态系统中非正式治理对系统成员共生关系的影响研究[J]．四川大学学报（自然科学版），2021，58(6)：199-210.

[14]郭峰，陈其荣．贵州省旅游产业与交通系统耦合协调度分析[J]．西部经济管理论坛，2018，29(3)：57-63.

[15]韩旭．"互联网+"农业组织模式及运行机制研究[D]．北京：中国农业大学，2017.

[16]何廷全，黎筱媚．智能赋能交旅融合[J]．中国公路，2021(22)：96-98.

[17]洪媛琳．城市公共交通对散客旅游行为的影响研究：以苏州市为例[J]．旅游纵览（下半月），2020(8)：74-78.

[18]侯榕．陕西省交通产业竞争力研究[D]．西安：长安大学，2019.

[19]胡海，庄天慧．共生理论视域下农村产业融合发展：共生机制、现实困境与推进策略[J]．农业经济问题，2020(8)：68-76.

[20]胡杨杨，王兆建．"路·旅·产"一体化发展模式下旅游公路规划设计实践探析[J]．公路交通科技(应用技术版)，2019，15(10)：267-269.

[21]胡永佳．产业融合的经济学分析[M]．北京：中国经济出版社，2008.

[22]黄兵．又好又快建设四川藏区高速公路的管理思路[J]．中国公路，2020(5)：56-59.

［23］黄睿，黄震方，吕龙，等．基于感知视角的交通和旅游融合发展影响因素与动力机制［J］．中国名城，2021，35（1）：9-17.

［24］姬虹，李娟．基于协同理论的高等职业教育与汽车产业融合机制探究［J］．科技风，2021（23）：174-175.

［25］蒋菡．红原：文旅融合为边远藏区发展破题［J］．绿色中国，2018（17）：36-37.

［26］蒋婷．交通对旅游的影响及发展策略分析［J］．当代旅游，2021，19（24）：62-64.

［27］蒋亚东，韩建民．交旅融合背景下高速公路旅游服务区发展研究［J］．西藏科技，2022（8）：26-30+46.

［28］李根，窦逗．交旅融合背景下的高速服务区发展模式研究：以兰海高速铁山、合浦、北海服务区为例［J］．科技风，2021（8）：149-151.

［29］李国栋，蒋航．我国综合交通与旅游业多层次耦合协调实证分析［J］．经营与管理，2021（10）：178-186.

［30］李俊卓.交旅融合背景下旅游公路景观规划设计研究与运用［D］.成都：四川农业大学，2018.

［31］李凌汉，池易真．价值共创视角下乡村精英主导农村科技创新的逻辑机理［J］．行政与法，2021（9）：22-33.

［32］李佩佩．交旅融合背景下四川藏区旅游公路景观规划设计［D］.雅安：四川农业大学，2019.

［33］李齐丽，吴睿，代枪林，等．基于交通旅游融合的雅康高速公路综合开发规划思路探析［J］．公路交通科技（应用技术版），2019，15（5）：317-319.

［34］李文杰，王龙，李廷华，等．基于产业融合视角的甘肃路衍经济产业发展战略研究［J］．商业经济，2023（2）：48-51.

［35］李啸虎．高速公路企业交旅融合模式与策略研究［J］．西部交通科技，2020（9）：161-162+186.

［36］李一曼，修春亮，孔翔．浙江陆路交通对区域旅游空间结构

及发展的影响研究[J].地理科学,2018,38(12):2066-2073.

[37]梁勤芳.新巴尔虎右旗产业融合发展研究[D].呼和浩特:内蒙古师范大学,2021.

[38]凌珑."交通+旅游"理念下旅游公路景观规划设计[J].旅游纵览(下半月),2020(2):24-25.

[39]刘安乐,杨承玥,明庆忠,等.资源型城市的交通演化与旅游发展耦合关系:以六盘水市为实证案例[J].云南师范大学学报(自然科学版),2021,41(1):70-78.

[40]刘超,冯春林.共生理论视阈下高职院校专业群建设研究:以安徽商贸职业技术学院电子商务专业群建设为例[J].天津中德应用技术大学学报,2021(5):44-48.

[41]刘芹.高速公路交通安全设施现状及养护发展方向[J].工程技术研究,2019,4(16):249-250.

[42]刘清泉.中国高速公路的现状与发展[J].轮胎工业,2005(3):190-191.

[43]娄策群,毕达宇,张苗苗.网络信息生态链运行机制研究:动态平衡机制[J].情报科学,2014,32(1):8-13+29.

[44]罗江.浅谈四川省交旅融合发展模式[J].财经界,2019(11):67.

[45]罗金阁,张博,刘嗣明.粤港澳大湾区交通可达性与旅游经济联系空间关系[J].经济地理,2020,40(10):213-220.

[46]罗祖义,熊丹,许金华,等.四川省高速公路发展现状及改扩建趋势分析[J].交通节能与环保,2021,17(1):100-104.

[47]马聪玲.以交旅融合为突破口推动乡村全面振兴[J].中国发展观察,2018(14):35-37.

[48]马国强.中国旅游产业集聚、要素积累与旅游经济增长关系的实证研究[D].兰州:兰州大学,2019.

[49]马慧强,刘玉鑫.促进体育和旅游业融合发展[N].山西日报,2019-07-15(010).

[50]马健.产业融合论[M].南京:南京大学出版社,2006.

[51]马世明.交旅融合背景下的旅游公路发展探析[J].智能城市,2021,7(13):28-29.

[52]毛颖,邱萍.交旅融合背景下川藏公路沿线景区风貌评价体系研究[J].公路,2022,67(9):271-277.

[53]彭华,刘仙,卢宗源.四川藏区农旅融合发展模式及对策研究[J].经济研究导刊,2020(14):119-120+137.

[54]彭琳.奋力实现四川藏区交通运输发展新跨越[N].中国交通报,2014-11-05(004).

[55]祁海富.基于产业融合视角下西藏文化旅游产业的发展研究[D].拉萨:西藏大学,2021.

[56]邱巧,全利,李丽华.交旅融合背景下重庆特色高速公路服务区的主题建设研究[J].公路,2021(10):270-274.

[57]邱兴波,郭进超,武亮,等.协同理论下应用型高校本科实践教学信息化管理机制优化研究[J].中国教育信息化,2021(17):71-75.

[58]沈丽.交旅融合理念下的旅游公路景观规划设计研究与应用[J].交通世界,2021(5):13-14.

[59]石培华,赵云,程思嘉.交旅融合:概念分析、实践演进与研究进展[J].未来与发展,2023,47(5):16-25.

[60]史珂珂,郑炎.交旅融合背景下高速公路主题服务区建设研究:以坪田服务区为例[J].重庆建筑,2022,21(4):19-22.

[61]史卢少博,姚芳,夏怡,等.基于共生理论的医防融合路径分析[J].卫生经济研究,2021,38(8):6-10.

[62]苏建军,关丽,王新敏.价值共创视阈下体育与旅游产业深度融合的内在逻辑与优化路径[J].辽宁体育科技,2021,43(4):29-34.

[63]苏兴矩,丘礼球,丘仁科,等.高速公路交旅融合主题服务区建设研究[J].公路,2021,66(2):244-249.

[64]苏毅清,游玉婷,王志刚.农村一二三产业融合发展:理论

探讨、现状分析与对策建议[J].中国软科学,2016(8):17-28.

[65]田启.体育产业与旅游产业耦合发展研究[D].上海:上海体育学院,2017.

[66]田水莲.浅析旅游交通对旅游目的地的影响[J].度假旅游,2019(4):4-5.

[67]汪晓文,陈垚.西北地区交通基础设施与旅游经济增长的交互影响研究:基于PVAR模型的实证分析[J].兰州大学学报(社会科学版),2020,48(4):31-38.

[68]王超,彭维圆.面向交旅融合的交通安全设施体系研究[J].黑龙江交通科技,2023,46(6):174-176.

[69]王眉灵.探路"交旅融合"[N].四川日报,2021-07-28(012).

[70]王伟,谢梁萍.基于交旅融合背景下风景园林在公路建设的应用[J].公路交通科技(应用技术版),2020,16(9):388-390.

[71]王晓琴.美丽乡村建设与民俗体育融合共生的路径探赜[J].武术研究,2021,6(9):107-109.

[72]王秀伟,延书宁.价值共创视角下的博物馆文旅融合:内涵、架构与趋势[J].文化艺术研究,2021,14(3):16-24+112.

[73]王瑶文,谢辉.交旅融合下旅游公路安全设施设计要点分析[J].公路交通科技(应用技术版),2019,15(8):250-251.

[74]王兆峰,张青松.公路交通网络与乡村旅游发展的耦合研究:以大湘西为例[J].中南林业科技大学学报(社会科学版),2022,16(3):79-88.

[75]韦增平,黄德欢.促进交通建设与旅游融合发展的探索与实践[J].西部交通科技,2019(11):181-183.

[76]温小栋,张振亚,王赛赛,等.宁波市交通产业发展现状与对策[J].重庆交通大学学报(社会科学版),2018,18(6):68-72.

[77]文海精,罗柳.高速公路服务区特色化发展规划研究:以云南瑞孟高速公路服务区为例[J].交通企业管理,2023,38(1):82-84.

［78］夏杰长，刘怡君．交旅融合高质量发展的内在逻辑与实施方略［J］．改革，2022（8）：111-122.

［79］鲜博，顾经纬．交旅融合视域下路、旅、产协同发展研究［J］．运输经理世界，2022（6）：164-166.

［80］邢慧斌，沈楠．交旅融合背景下高速公路与旅游高质量协同发展研究［J］．大舞台，2022（6）：62-67.

［81］熊丹，马娟．四川省高速公路发展现状与特征分析［J］．科技与创新，2021（22）：98-100+103.

［82］徐东彬，陈昕．智慧高速公路演进及发展探究［J］．中国交通信息化，2022（1）：28-32+43.

［83］徐菁，靳诚．江苏省县域单元旅游发展与交通流量相互关系研究［J］．地域研究与开发，2020，39（5）：82-87.

［84］徐铭，李国良，严馨．高速公路服务区交旅融合发展思路探讨：以读书铺服务区为例［J］．企业改革与管理，2022（19）：168-170.

［85］徐昕昕，顾晓锋，孔亚平．交旅融合背景下高速公路服务区规划设计的研究与实践：以黄千高速深渡服务区为例［J］．中国工程咨询，2021（3）：64-69.

［86］严耕，陆俊．应高度重视对信息高速公路的社会意义的研究［J］．北京社会科学，1996（4）：132-135.

［87］颜琪，谢元．交旅融合+乡村振兴融合发展之思考［J］．交通企业管理，2022，37（3）：37-40.

［88］杨海燕，李明伟．高质量交旅融合助推美好出游［J］．中国农村科技，2023（4）：60-62.

［89］杨强．中国体育旅游研究20年：述评与展望［J］．中国体育科技，2011，47（5）：90-100+115.

［90］杨星，许国俊，肖继铭，等．大众旅游新时代旅游公路服务设施理论与设计方法［J］．交通运输研究，2020，6（4）：60-68+85.

［91］姚明明，唐玲丽，王磊．产业融合视角下健康养老产业发展

路径研究：以辽宁省为例[J]．党政干部学刊，2021(5)：57-64.

[92]叶茂，王兆峰，谭勇．湘西地区交通与旅游发展的耦合协调特征与效应[J]．经济地理，2020，40(8)：138-144.

[93]叶小瑜．"体旅文商农"产业融合发展的时代价值与推进策略[J]．体育文化导刊，2020(4)：79-84.

[94]余梅群，陈磊．高速公路发展现状及造价改进建议[J]．交通世界(运输·车辆)，2013(9)：169-170.

[95]袁飞云，李永林，郑斌．四川藏区高速公路斜坡地质灾害防范对策[J]．地质灾害与环境保护，2018，29(2)：23-27.

[96]詹斌，苏健，张艳秋．高质量发展背景下交旅融合优度的评价研究[J]．公路，2022，67(3)：211-217.

[97]张广胜，马也，王宇，等．交旅融合背景下四川藏区高速公路服务区发展思考[J]．交通企业管理，2023，38(1)：31-34.

[98]张海英．交旅融合理念在高速服务区景观设计中的运用[J]．居舍，2022(16)：122-125.

[99]张俊杰，牟鹏，艾乔，等．交旅融合背景下高速公路服务区景观设计[J]．公路，2021，66(8)：262-267.

[100]张来武．产业融合背景下六次产业的理论与实践[J]．中国软科学，2018(5)：1-5.

[101]张鸣，纪月华．旅游产业与文化产业融合发展的实现机制与路径研究：以承德市为例[J]．经济研究导刊，2014(30)：223-227.

[102]张自强，周伟．交通基础设施与森林公园旅游发展：基于面板联立方程的实证检验[J]．农业现代化研究，2021(5)：953-963.

[103]赵丽丽，张金山．旅游与交通融合发展的新实践[J]．中国公路，2018(12)：44-47.

[104]"浙里畅行"功能完善 服务再优化[J]．中国交通信息化，2021(9)：84-85.

[105]郑育彬，杨艳群，方忠文，等．高速公路服务区赋能旅游的

前景、挑战与对策[J].综合运输,2023,45(5):44-48.

[106]周爱东.交通建设对旅游地区经济发展的促进作用探讨[J].中外企业家,2019(1):90.

[107]周盛,江二中,张帆,等.高速公路旅游融合开发与经营模式研究[J].公路,2020,65(8):281-287.

[108]周韦世,姚阳,张俊杰,等.交旅融合模式下的高速服务区设计探析[J].现代园艺,2023,46(7):151-154.

[109]朱婧.交旅融合的新路径[J].中国公路,2018(3):32-33.

[110]卓嘎措姆,图登克珠.交通对西藏旅游的影响及对策研究[J].西藏科技,2018(10):77-80.

后 记

　　交旅融合是一项有待开拓的事业，也是一个新的研究领域。还好有那么多引领者、实践者、探索者和支持者为我们点亮星光、指示道路，使我们不至于孤独前行。在本书即将出版之际，请允许我代表著者团队，向他们表达崇高的敬意！

　　感谢四川省旅游学会会长陈加林先生，您不但用高瞻远瞩的战略眼光发现了交旅融合这一蓝海，还在本书完成的过程中亲予点拨，为本书的研究指明了方向。

　　感谢蜀道集团藏高公司老领导、四川省彝学会副会长杰罗拉提先生，您用卓越的领导力推动了川西区域交旅融合发展，您的智慧一直启迪着我们。

　　感谢四川蜀道高速公路服务区经营管理有限公司董事长吉昌平先生，您牵头打造的天全服务区等项目，是川西交旅融合发展的里程碑，您提供的资料有力地支撑了本书的研究。

　　感谢四川天路印象文化产业发展有限公司董榕、章旭韬、范传志、荣幸副总经理，正是你们付出的心血和汗水才使泸定大渡河大桥超级工程旅游景区项目变成现实，成为交旅融合探索中的一座丰碑。

　　感谢四川天路印象文化产业发展有限公司项目经理周聪先生和四川蜀道高速公路服务区经营管理有限公司策划部经理刘亦男先生，谢谢你们在繁忙的本职工作之余，为本书提供了弥足珍贵的帮助！

　　感谢成都理工大学管理科学学院院长淳伟德教授和副院长张惠琴教授、陈旭东教授的关心，感谢成都理工大学管理科学学院工商管理系主任刘波教授、支部书记刘登娟副教授对本书出版的大力支持。

　　感谢成都理工大学管理科学学院刘宏老师，您是本书著者胡立琴的导师，也是我尊敬的师长和前辈。每次和您交流，都如沐春风，您的人格魅力、人生智慧和对产业发展的洞见深深启迪着我，谢谢您！

感谢锦天城律师事务所高级合伙人陆静律师、四川宇恒税务师事务所副所长柯薇女士对四川省旅游学会交旅融合发展专委会的支持，感谢专委会副秘书长易学女士对专委会秘书处的高效领导，离开你们的理解和帮助，我们无法完成任何有价值的工作。

感谢一路守望的好朋友们，不论成败利钝，顺遂与否，你们总是不离不弃，一如既往地给我们以支持。感谢四川省经济文化协会周国利秘书长、国药太极四川太极大药房连锁有限公司袁春副总经理、兰艺术CEO罗文涛、中智云南公司刘菁前总经理，你们的支持至关重要。

本书的问世，也离不开研究生助手们完成的工作。其中：马也同学负责了第一章中关于"交通+旅游"融合发展相关政策分析和第三章中关于川西区域"交通+旅游"融合发展前景与存在问题的研究；廖妮娜同学负责了第一章中关于相关领域研究现状的综述、第二章中关于"交通+旅游"融合发展的定义与特点，以及第三章中关于川西区域"交通+旅游"融合发展的典型案例的研究；宋扬、刘婷婷同学负责了第一章中关于研究背景的阐释和第三章中关于川西区域"交通+旅游"融合发展水平评价的研究；樊雨鑫同学负责了第四章中关于推动川西高速公路交旅融合发展的策略研究；赵婉汝同学负责了第五章中关于川西高速公路交旅融合发展的实施建议研究。你们都出色地完成了自己的工作，谢谢你们！

特别鸣谢以王光艳老师为首的编辑团队。这本书给你们带来的麻烦想必超过同类书籍，但你们不抛弃、不放弃，用你们的无尽耐心和卓越素养一遍遍打磨，终于让这本书有了今天的模样。请接受我们的敬意！当然，如果本书存在任何不当之处，责任完全由我们来承担。

如是我闻，个人才智之于广阔世界，不啻芥子之于须弥。区区一本小书，本不足挂齿，唯愿它成为一块铺路之石，唤起更多人关注交旅融合、思考交旅融合、践行交旅融合！

再次谢谢大家！

王　宇

2023 年 10 月